张玲娜 ◎ 著

新时代主流意识形态建设研究

知识产权出版社
全国百佳图书出版单位
—北 京—

图书在版编目（CIP）数据

新时代主流意识形态建设研究／张玲娜著. —北京：
知识产权出版社，2019.11
ISBN 978－7－5130－6452－1

Ⅰ.①新…　Ⅱ.①张…　Ⅲ.①社会意识形态—研究—中国　Ⅳ.①D092.7

中国版本图书馆CIP数据核字（2019）第239621号

内容提要

本书从新时代的基本理论入手，深刻分析了新时代的内涵、本质和特征。在此基础上对新时代的多维性进行了分析，分别从经济、政治、文化三个维度对新时代的内涵做出了界定和阐释，进而探究新时代与意识形态之间的关系。在深入把握新时代与意识形态关系的基础上，重点提出新时代我国主流意识形态建设的对策与路径。

责任编辑：张水华　　　　　　　　　　　责任校对：王　岩
封面设计：回归线（北京）文化传媒有限公司　责任印制：孙婷婷

新时代主流意识形态建设研究

张玲娜　著

出版发行：知识产权出版社有限责任公司	网　址：http://www.ipph.cn
社　址：北京市海淀区气象路50号院	邮　编：100081
责编电话：010-82000860 转 8389	责编邮箱：46816202@qq.com
发行电话：010-82000860 转 8101/8102	发行传真：010-82000893/82005070/82000270
印　刷：北京建宏印刷有限公司	经　销：各大网上书店、新华书店及相关专业书店
开　本：787mm×1092mm　1/16	印　张：12
版　次：2019 年 11 月第 1 版	印　次：2020 年 9 月第 2 次印刷
字　数：190 千字	定　价：58.00 元
ISBN 978－7－5130－6452－1	

目　录

导　论

2017 年 10 月 18 日，习近平总书记在党的十九大报告中向全世界宣告："经过长期努力，中国特色社会主义进入了新时代，这是我国发展新的历史方位。"[①] 新时代是一个影响深远的重大政治判断，蕴含着极其丰富而深刻的内涵，新时代主流意识形态建设研究是一个热点问题，也是一个敏感问题，更是一个极其重要的现实问题。本书立足于新时代的时代背景，运用马克思主义意识形态理论，重点研究新时代与意识形态构建的理论及实践问题，旨在为我国主流意识形态建设提供理论支撑。本书从新时代的基本理论入手，深刻分析了新时代的内涵、本质和特征。在此基础上对新时代的多维性进行了分析，分别从经济、政治、文化三个维度对新时代的内涵做出了界定和阐释，进而探究新时代与意识形态之间的关系。在深入把握新时代与意识形态关系的基础上，重点提出新时代我国主流意识形态建设的对策与路径。

本章旨在提出要探讨的问题，并对该问题的研究意义、研究现状、研究方法与思路及重点、难点与创新点等做简要的阐述。

第一节　研究缘由与研究意义

党的十八大以来，党的意识形态工作取得了重大的进展，党对意识形态的领导权得到了加强，意识形态的地位被提到了前所未有的高度。十九

---

① 《中国共产党第十九次全国代表大会文件汇编》，人民出版社 2017 年版，第 8 页。

大做出了中国特色社会主义进入新时代这个重大政治论断，新时代对意识形态工作提出了更高的要求，习近平总书记在十九大报告中强调要"牢牢掌握意识形态工作的领导权"，在 2018 年全国宣传思想工作会议上指出建设具有强大凝聚力和引领力的社会主义意识形态，要把坚定"四个自信"作为建设社会主义意识形态的关键。

一、研究缘由

中国特色社会主义进入新时代，这是我国新的历史方位，面对这样一个新的时代背景，我们还未做好准备，但不可否认的是新时代是一个全方位、多向度的概念，同时新时代对党和国家的各项工作提出了新要求。然而我们的理论研究未能跟上实践发展的步伐，这一方面源于新时代刚刚开始，以至于我们还未从原有的思维模式中转换过来；另一方面，坦诚地讲，学界和理论界对新时代的内涵、特征、发展态势的研究也处于探索阶段，更不要说把握新时代的发展规律了。在这种情况下，意识形态工作也面临同样的境遇，需要学者们深入研究新时代与意识形态工作之间的关系，思考新时代我国主流意识形态面临的机遇与挑战，以及如何面对挑战，抓住机遇，建设具有强大吸引力和引领力的意识形态。这既是当今时代和社会实践提出的要求，也是我们必须要牢牢把握意识形态领导权、管理权和话语权的根本要求。

首先，选择"新时代我国主流意识形态建设研究"作为研究课题是当今社会主义发展的迫切要求。从世界社会主义发展史的角度看，社会主义已经有 500 多年的历史，中国特色社会主义进入新时代是世界社会主义发展的华丽篇章，是世界社会主义发展的一个新阶段。同时我们也要看到，当今世界上以美国为首的反对社会主义制度的国家还很多，它们任意抹黑和妖魔化社会主义，称社会主义和共产主义给人类带来了苦难和腐败，号召其他国家抵制社会主义，由此可以清醒地看到社会主义发展道路依然崎岖曲折。因此，作为资本主义对立面的一个社会主义大国，作为已经步入世界舞台中央的最大的发展中国家，我国迫切需要回应世界社会主义发展的要求，完成好时代赋予的使命。

其次，选择"新时代我国主流意识形态建设研究"作为研究课题是我国当今社会发展的迫切需要。历史的巨大进步，往往以思想的解放和观念的更新为先导。一场关于真理标准的大讨论，是五四运动以来又一次具有深远意义的思想解放运动，它对于顺利实现党和国家工作重心的转移，推动社会主义现代化建设，发挥了直接的促进作用和影响，为党的十一届三中全会制定正确的政治路线奠定了极其重要的思想理论基础，由此拉开了中国改革开放的新序幕，开启了建设有中国特色社会主义的新征程。从此，中国人民的面貌、社会主义中国的面貌、中国共产党的面貌发生了历史性变化。当然，与"中国奇迹"相伴而生的还有大量的"中国问题"。世界影响中国，中国也在改变世界。当下，中国已进入一个新的发展阶段，改革也步入深水区和攻坚期，面对中国由大向强跃升的新课题，我们既要总结和弘扬中国经验，又要直面和解决中国问题。这就需要我们站在改革开放的新起点上，继续解放思想，树立道路自信、理论自信、制度自信、文化自信，把马克思主义理论同中国实际紧密结合，在马克思主义中国化的进程中，把"中国化的马克思主义"世界化，进而使世界认同"中国化的马克思主义"。

最后，选择"新时代我国主流意识形态建设研究"作为研究题目是大力推进我国主流意识形态自身建设的迫切需要。理论研究源于对现实问题的高度关注。马克思说过："如果从观念上来考察，那么一定的意识形态的解体足以使整个时代覆灭。"① 同理，一定的意识形态的崛起也常常预示着一个新时代的来临。新时代的多维深入发展，一方面极大地开阔了我国主流意识形态的建设视野，拓展了我国主流意识形态的建设空间，也为我国主流意识形态创新注入了新的活力；另一方面资本主义主导全球化的现实，使得西方凭借经济、政治、文化等方面的优势地位，千方百计地对社会主义意识形态进行攻击、渗透和破坏，意识形态领域的斗争依然严峻，这就要求我们在应对挑战中做出正确的选择和回应，要求我们要正面回击，敢于斗争，敢于亮剑。

---

① 《马克思恩格斯文集》第 8 卷，人民出版社 2009 年版，第 170 页。

二、研究意义

（一）理论意义

中国特色社会主义社会进入新时代是社会主义发展的必然趋势，也是当今时代的显著特征。根据马克思主义的观点，历史成为世界历史是客观的历史过程，社会主义虽然可以在一国首先建立，但它不可能脱离世界文明的轨道去进行封闭的建设，我们党改革开放的实践也充分证明了这一点。因此，中国特色社会主义进入新时代是社会主义发展的必然结果。新时代的多维深入发展，必将给中国经济社会发展带来深刻影响，新时代与意识形态的交织互渗，使得全面融入新时代进程中的中国面临全新的时空环境。然而，当今世界发展进程中发达资本主义国家仍然占优势和主导地位，这种优势不仅体现在经济领域，同样也体现在政治领域和文化领域。在这种格局中，社会主义制度与资本主义制度、社会主义意识形态与资本主义意识形态之间的对峙和冲突是难以避免的，以美国为首的西方国家对我国的"西化""分化"和制约也将是长期的。因此，新时代我国主流意识形态的建设也必将面临巨大的挑战，包括世界范围内各种意识形态流派影响的挑战，多元冲突与一元指导的并存与冲突的挑战，以及新形势下马克思主义理论自我发展的挑战等。那么，如何在中国特色社会主义新时代进程中趋利避害，有效应对来自西方资本主义国家的"西化""分化"和"和平演变"的威胁和挑战，是当前学术界和理论界的研究热点。为此，研究新时代我国主流意识形态建设，对于进一步探究新时代与意识形态的内在关系，把握新时代主流意识形态建设规律，明确新时代主流意识形态建设的对策和路径，为推进中国特色社会主义伟大事业和实现中华民族伟大复兴的中国梦提供理论依据和价值借鉴，具有十分重要的理论意义。

（二）现实意义

一是巩固党执政地位的需要。"一个政权的瓦解往往是从思想领域开始的，政治动荡、政权更迭可能在一夜之间发生，但其思想推动和演变则是个长期过程，尤其需要我们提高警惕，防微杜渐。如果思想防线被攻破了，其他防线就很难守住。因此，我们必须把意识形态工作的领导权、管理权、话语权牢牢掌握在手中，任何时候都不能旁落，否则就要犯无可挽回的历史性错误。"① 当前，西方敌对势力视社会主义制度和意识形态为最大竞争对手，在新时代的发展进程中，利用各种渠道和手段进行思想文化渗透和意识形态输出，极力推行所谓民主化浪潮，四处兜售其社会政治理论、价值观念、意识形态和生活方式，广泛散布所谓"中国崩溃论""中国威胁论"等论调，破坏中国发展的良好外部环境，阻碍中国的崛起步伐，削弱中国在国际上的影响力，甚至阴谋制造"颜色革命"，最终实现资本主义一统天下的局面，使得我国主流意识形态有被冲击、淡化甚至被消解的危险。主流意识形态认同的淡化必然会使社会成员在面对各种纷繁复杂的社会思潮、政治观点和政治价值判断时无所适从，造成对党的政治体制认同的流失、政治价值体系认同的流失、政策认同的流失，一句话，造成党的政治权威及其合法性认同的流失。面对意识形态领域的渗透与反渗透、控制与反控制、西化与反西化的严峻挑战，大力加强我国主流意识形态建设，提高主流意识形态的吸引力、凝聚力和引领力，对于保持和巩固中国共产党的长期执政地位、完成党的执政任务、实现党的执政使命具有重大意义。

二是应对各种社会思潮挑战的需要。东欧剧变、苏联解体，打破了资本主义与社会主义两极对立格局，意识形态的对垒转化为多种文化价值观念的冲突。在中国特色社会主义新时代不断发展和实行市场经济的背景下，特别是信息时代的来临，以资本主义文明为代表的西方强势文化大举入侵，给马克思主义意识形态带来了巨大的冲击力。形形色色的社会主义思潮在与科学社会主义长达一百余年的论战之后，苏联解体、苏共垮台、东欧剧变，世界社会主义遭受严重曲折，"民主化浪潮"席卷全球，有人宣称"历史已经终结"于资本主义制度，"20世纪将以社会主义的失败和资本主义的胜利而告终"，还有人妄称社会主义中国也将随着"多米诺骨牌"效应而倒下。然而20多年过去了，今天我们可以说，中国不但在世界

---

① 参见《习近平新时代中国特色社会主义思想三十讲》，学习出版社，2018年5月，第213页。

上把社会主义的旗帜举稳了，而且把社会主义推向了一个新的发展阶段。但是同时我们更要清醒地认识到，意识形态领域的斗争依然严峻，西方发达国家把意识形态争夺战作为实现其国家利益的重要手段。近年来，以美国为首的一些西方国家，借助 Twitter、Facebook 等社交媒体，干涉他国内政，相继在突尼斯、埃及、利比亚和叙利亚等国家实施"颜色革命"。随着中国的快速崛起，西方敌对国家将中国作为假想的敌人，极力鼓动反华势力，它们凭借掌握世界银行和世界贸易组织的核心权力，在国际经济事务中占主导地位。2017 年美国总统特朗普发起贸易战，不仅是美国霸权主义在经济领域的恶劣表现，更是"麦卡锡主义"的回潮，这必须引起我们的高度警惕。另外，从国内来看，伴随着我国经济体制深刻变革、社会结构快速变动、利益关系深刻调整以及人们思想观念的巨大变化，我国社会主体的思想活动的多样性、选择性、独立性、差异性明显增强，在思想观念和价值取向上日益呈现出多样化的发展趋势。上述情况已充分说明，在新时代背景下，以马克思主义为指导的我国主流意识形态面临着各种社会思潮的严峻挑战。因此，加强新时代背景下主流意识形态建设研究，对于正确处理社会思潮多元化与指导思想一元化之间的关系，科学应对各种社会思潮的挑战、巩固马克思主义的指导地位具有重要的理论指导和现实意义。

三是增强民族凝聚力、实现中华民族伟大复兴的需要。主流意识形态建设关乎着党的生死存亡，关乎着国家的荣辱兴衰，关乎着中华民族的凝聚力和向心力。在新时代背景下，思想文化的交流、交融、交锋呈现为一种世界性的现象，而且思想文化领域的斗争也更加趋于复杂。因此，当前意识形态工作的根本任务，就是要巩固马克思主义在意识形态领域的指导地位，巩固全党全国人民团结奋斗的共同思想基础。随着中国特色社会主义新时代进程的推进，中国已经成为一条经济巨龙，经济复兴必将带来政治制度、文化的复兴，最终实现中华民族伟大复兴的中国梦。这一梦想体现了中华民族和中国人民的整体利益，凝聚了数代中国人的夙愿，是中国人民的共同期盼。实现中国梦是一项光荣而艰巨的事业，需要一代又一代中国人共同为之努力。因此，研究新时代主流意识形态建设问题，以更加积极的、开放的态度对待民族文化，必将有助于中华文化坚守传统，应对外来文化冲击，在文化的世界性与民族性之间保持适度的张力，进一步增强民族凝聚力，最大限度地把广大人民群众团结和凝聚在中国特色社会主义旗帜下，朝着实现伟大复兴的中国梦坚毅前行。

第二节　研究现状综述

一、新时代理论研究综述

随着十九大报告中宣告中国特色社会主义进入新时代，对于新时代的研究逐渐成为学者们关注的问题，但是由于时间较短，研究刚刚起步，因此，国内外关于新时代理论的研究很少，相关的专门文章很少，专著更是没有。目前学者们关于新时代的研究主要集中在两个方面：一方面，一些学者只是将新时代作为一个政治概念、一种意识形态，在个别的文章中有所论述，但对新时代的概念内涵、理论体系没有研究；另一方面，有些学者把新时代作为所研究的具体问题的参照背景，探讨背景和研究对象之间的互动关系。整体来说，目前国内外关于新时代理论的研究处于萌芽状态，没有形成系统的理论研究成果。

在中国知网查询可以发现，以新时代为题目的文章主要有李双根的《新时代"美好生活"内涵、特征与实现路径浅析》，查吉德的《基于新时代背景赋予"普职比大体相当"新内涵》，李浩民的《新时代高质量发展框架再探讨：理论内涵、制度保障与实践路径》，周文彰的《深刻把握新时代改革开放新内涵》，时海翔、刘新玲的《新时代习近平科技人才观的内涵及其时代贡献》，黄燕的《新时代劳动精神的生成逻辑、核心内涵与弘扬路径》，葛继平、刘记福的《高等教育内涵式发展的新时代意蕴》，王殿文的《新时代大学生创业精神的内涵、特征及辨析》，沈丽丽的《新时代网络强国战略的形成、内涵与实践要求》，张麒麦的《新时代法治文化建设的内涵、意义及路径》，吴霞的《习近平新时代中国特色社会主义思想的丰富内涵与实践要求》，陈杰、刘含萌、徐吉洪的《新时代我国大学高质量内涵式发展的若干思考》，黄海艳、张红彬的《新时代企业家精神内涵及培育机制研究》，蒋家胜的《新时代社会主义敬业文化的新内涵、新价值与新路径》，孙珊的《新时代辅导员专业化的基本内涵及实现途径》，黄兴胜、黄少成的《深刻把握新时代党的教育工作目标的内涵特征与实践路向》，杨守明、杨鸿柳的《论习近平新时代观的内涵、依据和价值》，李茜的《习近平新时代中国特色社会主义思想的美学内涵》，陈林的《新时代党的统一战线理论的哲学内涵》，常亮的《创新驱动与内涵式发展：新时代高校党建的主旋律》，杨培明的《新时代国际理解教育的内涵阐释与路径探索》，王娇萍的《如何深刻理解习近平新时代中国特色社会主义思想的精神实质和丰富内涵》，杨锟的《新时代高校党建工作的内涵与意义探讨》，张永的《论新时代"一个变与两个不变"的思想内涵》，陈麟的《深入领会意识形态科学内涵　切实加强新时代意识形态》，庞立昕、崔三常的《新时代中国特色社会主义背景下的美丽价值观内涵基础》，刘世敏的《新时代共同富裕的内涵解读》，李志、韦光波的《关于新时代"美好生活"内涵与外延的几点思考》，赵子丽的《新时代马克思主义青年观的新内涵》，韩占元的《新时代坚持以人民为中心的思想内涵》，杨小军、姚瑶的《习近平新时代中国特色社会主义法治思想的内涵与特征》。上述文章或是以新时代为背景开展相关领域的研究，或是研究新时代中国特色社会主义思想的内涵，但是对新时代的内涵、特征、新时代的发展规律、新时代的多维度研究很少。只有杨守明、杨鸿柳的《论习近平新时代观的内涵、依据和价值》对习近平新时代观的内涵、形成依据和价值进行了论述，指出习近平总书记的时代观既是制定国家发展战略的基本依据，又是对马克思主义时代理论体系的创新与发展。

　　国外对中国新时代理论的研究更少，笔者在 EBSCO 查到了英属哥伦比亚大学教授 Timothy Cheek 和加拿大蒙特利尔大学教授 David 共同撰写的《Make China Marxist Again》，新西兰怀卡托大学 Peters Michael 教授撰写《The Chinese Dream：Xi Jinping Thought on Socialism with Chinese Characteristics for A New Era》。这两篇文章都提到中国特色社会主义进入

新时代，新时代的内涵及习近平总书记对马克思主义理论的继承和创新。另外，俄罗斯人民友谊大学教授塔夫洛夫斯基的专著《习近平：正圆中国梦》，这是由埃克斯莫出版社推出的第一部在俄罗斯出版的有关习近平总书记的传记，书中虽然没有直接提到新时代概念，但却蕴含了中国特色社会主义已经进入一个新的时代。

二、意识形态理论研究综述

意识形态既是一个理论问题，又是一个现实问题，既复杂又敏感。改革开放前，由于"左"的错误和思想上的僵化，相当一段时间内，马克思主义理论和社会主义意识形态建设受到严重影响和冲击。"文化大革命"结束后，面对党内的思想僵化和社会上的思想混乱，邓小平以大无畏的气概和卓越的领导艺术，突破"两个凡是"的阻碍，一方面强调要解放思想，实事求是，全面准确地把握马克思主义、毛泽东思想，打破对社会主义的僵化教条的理解；另一方面强调要坚持四项基本原则不动摇。在拨乱反正的基础上，邓小平坚持原则的坚定性与策略的灵活性，实现了意识形态建设向服务于经济发展的根本转向，开创了社会主义建设的新局面，不仅为我国意识形态的建设、发展与研究创造了根本条件，也为意识形态赋予了新的内容。我国学界对意识形态的集中研究始于改革开放后，主要从以下四个方面展开。

一是关于马克思主义意识形态理论的研究。改革开放后，我国学界对马克思主义意识形态理论的研究焦点是：马克思究竟是在什么意义上使用"意识形态"概念的？第一种观点认为，马克思把意识形态看作是具有阶级性的"虚假的、非科学的"概念使用的。第二种观点认为，意识形态是一般意义的阶级观念，马克思是在中性意义上使用这个概念的。第三种观点认为：马克思的意识形态概念是介于"一定阶级信条特性的体系"和"可与真理或科学形成对比的信条——虚假观念或虚假意识"之间。因此，马克思并不是在单一性上使用意识形态这个概念的，而是在中性的一般阶级概念和贬义上的唯心主义的观念两个方面使用意识形态概念的。以上各种观点都有一定的道理，但却是片面的，没有全面把握意识形态的内涵。

因为，第一种观点把一切意识形态都看作是虚假的意识，这是没有道理的。意识形态是否虚假，是由意识形态理论体系所反映的内容决定的，而不是由意识形态概念本身决定的。第二种观点忽略了当代社会发展的现实特点，过于阶级化和政治化，意识形态除了具有政治性的特点之外还是一种社会认识理论，从而具有理论性、价值性、导向性和实践性。第三种观点将"贬义说"与"中性说"夹杂在一起，难以自圆其说，如按这种说法分析会使人觉得马克思本人对意识形态概念的理解就是混乱、模糊的，而且这种理解会使人无所适从，从而造成对意识形态概念的理解和使用更加复杂和混乱。

马克思的后继者们对意识形态概念的理解有两个方面：一方面，社会主义国家的马克思主义者对马克思的意识形态概念理解和使用是具有积极意义、政治意义和权威性的。另一方面，西方马克思主义者也对意识形态理论做出了发展。卢卡奇发挥了马克思的思想，将意识形态等同于物化的意识。他认为，无产阶级要实现自身的解放和人的解放，首先要取得整体性的认识，然后才能超越自身的商品形式，突破在资本主义社会中物化的境遇。葛兰西提出了无产阶级意识形态这一概念，并将意识形态定义为阶级意识，竭力主张无产阶级要与资产阶级在意识形态领域开展斗争。意识形态不再是单纯的、消极的和否定的，由于它的革命性而转变为积极的、肯定的。换言之，意识形态根据其阶级性而划分为进步的和落后的。

二是对意识形态理论本身及对我国当代意识形态现实的研究。改革开放之后，学者们在翻译介绍西方的意识形态理论和研究成果的同时，也开始了对意识形态的内涵、性质、功能等基本理论的研究。主要研究成果如下。

（1）国内学者对于意识形态的内涵已进行了较为深入的研究。首先界定了广义的意识形态概念和狭义的意识形态概念。广义的意识形态是指特定的社会集团和共同体对自身社会地位和利益需求的自我意识和自觉表达，是接近于哲学或世界观的"形而上"的思想主张或理论学说。狭义的意识形态是一个社会占统治地位的思想体系或主流意识形态，它包括上层建筑中的政治法律思想、伦理道德等，其核心内容是政治意识形态。狭义的意识形态是统治阶级的意识形态。其次，越来越多的学者开始强调意识形态的实践性和价值性。他们看到了意识形态不只是一种理论学说和思想体系，更是一种具有较强实践指向性的理论主张。它既是人们认识和反映世界的知识体系，又是规定人类思想和行为的价值体系；不仅是认识和反映世界的"知识体系"，更是一种为人类思想和行为定向的"价值体系"和"信仰体系"。

（2）对意识形态功能的理解，学者们分别以不同视角考察了意识形态的功能。形成的研究成果主要体现在：第一，意识形态的社会整合功能。作为一种整合社会力量的重要手段，意识形态在传统社会中发挥着重要作用。意识形态的任何细小的变化，都对社会生活造成重大影响，进而影响到社会结构的稳定性。第二，意识形态的合法性功能。现代社会发展要求政治权威和政治统治要依靠政治合法性，或者说是依靠被统治者的认同，而不再是依靠国家的暴力。第三，意识形态的社会管理功能。有学者指出，意识形态作为人们决策的一种基本素质，可以被引入到社会经济制度结构变迁的分析之中，主要是基于以下两个方面的考虑：一方面，意识形态的价值规范导向，可以让人们遵守社会伦理道德，超越自身存在的狭隘个人主义动机，建构社会文明，推动社会进步。另一方面，由于在现实生活中，存在着大量义务论的规范行为，例如社会公益活动等，而人们不是完全按照功利论的要求行事。所以，从上述两方面来看，意识形态可以降低社会管理成本，能够提高社会管理效率。

（3）对我国意识形态的现实问题研究。我国意识形态在改革开放之后，在从前现代化到现代化的快速转型期的过程中发生了重大变化。因此，一些学者把目光聚焦到转型期我国意识形态构建这个现实问题上。有的学者认为要完成从宗教意识形态和世俗学说的意识形态向国家意识形态的转变，构建以"民主""科学""法治""现代化""发展"等构成的现代"国家意识形态"。也有学者认为，要充分利用中国传统文化的主流思想资源，如民族主义、中华传统美德等构建国家意识形态。进入21世纪后，许多学者进一步扩大研究视野，把全球化作为研究马克思主义意识形态建设的重要背景。他们研究的主要焦点是全球化对我国社会主义意识形态的影响，以及如何在全球化背景下构建我国社会主义意识形态。总体来说，学界对于意识形态的基本理论研究较为全面，但是对于实践中出现的新情况、新问题的研究还只是处于不同角度、不同层次的研究，特别是全球化背景下我国主流意识形态建设研究的视角和维度有待拓宽。

三是对苏联意识形态变迁的研究。东欧剧变是"一场没有硝烟的战争"，引发了曾经与资本主义阵营相抗衡的社会主义阵营的土崩瓦解，致使社会主义意识形态陷入极大的责难和质疑之中。这促使学界再次对意识形态进行了深刻的思考与研究。这方面的论文、著作颇多，最显著的变化是许多学者尝试从意识形态视角来研究苏联解体，学者们深刻剖析了苏联亡党、亡国的根本原因及其对我国意识形态建设的启示，即必须准确把握时代脉搏，积极回应时代要求，科学应对意识形态面临的挑战。

四是对西方意识形态批判性的研究。在我国学界对意识形态理论进行研究的同时，西方学者们坚持西方中心论，把具有意识形态内容的西方文化包装成为普世文化，并声称各个国家要实现现代化就必须以西方文明为蓝本和目标。他们的论调在意识形态领域体现为意识形态批判论、意识形态终结论、意识形态边缘论等。其中最典型的代表有塞缪尔·亨廷顿。他在《文明冲突论》中指出西方文明是世界上的普遍文明，要求各个国家进行文明转变，从而遵循西方文明。针对上述西方形形色色的意识形态理论，我国学界进行了针锋相对的批判。从学者们对西方意识形态批判的文献来看，大多数学者已经意识到西方意识形态在渗透过程中具有极强的隐蔽性，但是如何有效地化解西方意识形态对我国的渗透，仍是一个需要持久研究的课题。

三、新时代我国主流意识形态建设研究综述

目前，国内还没有关于新时代我国主流意识形态建设的论著，这主要是因为 2017 年 10 月 18 日，十九大的召开向全世界宣告中国特色社会主义进入新时代，研究者们一时很难将新时代这一新事物与意识形态联系起

来。随着新时代的深入发展，将会有越来越多的学者深入思考新时代对主流意识形态建设的影响，以及以此为时代背景去深入研究主流意识形态建设的问题。从中国知网上查到目前关于新时代主流意识形态建设的文献有253篇，学者们的研究成果主要体现在以下四个方面：

（1）新时代意识形态领域的发展变化研究。第一是关于我党意识形态工作所取得的成绩方面的研究：党的十八大以来，以习近平总书记为核心的党中央极端重视意识形态工作，他不仅强调意识形态工作是党的一项极端重要的工作，而且也采取了一系列有力举措纠偏纠错，狠抓落实，在具有许多新的历史特点的伟大斗争中一步步统一了全党思想，推动着意识形态领域发生了翻天覆地的历史性变化。正如十九大报告中指出的："加强党对意识形态工作的领导，党的理论创新全面推进，马克思主义在意识形态领域的指导地位更加鲜明，中国特色社会主义和中国梦深入人心，社会主义核心价值观和中华优秀传统文化广泛弘扬，群众性精神文明创建活动扎实开展。"意识形态理论研究专家侯惠勤认为，党的十八大以来意识形态工作的主要成绩就是在政治认同、理论认同、历史认同、现实认同和未来认同上下功夫，并取得了意识形态工作的主动权。总之，学者们普遍认为进入新时代以来，意识形态领域取得整体向上向好发展的较好成绩。第二是意识形态领域新变化的研究。学者们认为意识形态斗争形式发生了变化，即西方意识形态的输入方式发生了变化，从原来的文化商品延伸到旅游文化产品，从原来的电影音乐和文化期刊延伸到网络舆论，从原来的间接文化介入到人文交流的直接介入。第三是新时代意识形态领域发展变化可能会出现以下问题：个人利益至上，国家利益次之；金钱至上，道德次之；以点概面、以偏概全，易受不明真相的谣言蛊惑，怀疑论和消极极端论，一些别有用心的人教唆、挑拨离间进而形成一些危机论，危害社会安定有序发展等。

（2）新时代加强主流意识形态领导权和话语权的研究。胡后富、王天云认为，意识形态工作领导权存在着党员领导干部对意识形态重要性认识不到位，意识形态工作队伍水平不高，意识形态工作机制不健全等问题，需要从三个方面加强意识形态领导权，即宣传好习近平新时代中国特色社会主义思想，凝聚共识；意识形态宣传要坚持价值性目标与真理性目标相统一；建立网络综合治理体系，加强传播手段的建设和创新。周耀宏认为，新时代网络空间意识形态话语权呈现出新特征，我国网络意识形态话语权建设存在的问题主要有以下三方面：一是对网络意识形态话语权建构的重要性缺乏足够认识；二是各部门对网络意识形态工作分工合作缺乏充分协调；三是网络意识形态话语争夺的新媒体平台管理难度大。因此，加强网络空间意识形态话语权要提高话语主体的素养和权威性，引导网络意见领袖发挥正能量；拓展话语载体的多样性，提升主流意识形态话语权的影响力；坚持话语议题的守正创新，打造社会主义意识形态优势话语；推进话语表达的方式转换，实现中国话语标准的"国际化"。吕峰、王永贵认为在新的历史境遇下，作为当今中国主流意识形态话语核心内容的马克思主义应该也必须反映新时代的特征、反映社会主流价值诉求，进而牢牢掌握话语权。新时代建构主流意识形态话语权，要坚持人民立场，提升主流意识形态话语的说服力；要突出问题意识，提升主流意识形态话语的阐释力；要强化批判与反思，提升主流意识形态话语的引导力；要创新话语体系，提升主流意识形态话语的感染力。

（3）新时代主流意识形态面临的挑战。对于新时代主流意识形态所面临的挑战，学者们也都特别关注，并从多个方面和多个角度进行了深入的探讨。有的学者认为在新媒体、自媒体环境下，信息传播呈现主体的大众化与平等性、信息的碎片化与简明性、参与的共享性与及时性的新特点，对主流意识形态建设的政治基础、制度安全、内容和形式产生了重要影响。此外，在全球化背景下，强势的西方文化、价值观和意识形态也对我国主流意识形态建设构成巨大的压力。有的学者指出，西方国家的主流意识形态及它们精心炮制的各种论调，如全球资本主义民主化、新自由主义、中国霸权论、中国"威胁"论、消费主义论等都极大地威胁着我国主流意识形态的安全，对党的意识形态建设产生巨大的挑战。有的学者认为，新时代背景下，西方意识形态向社会主义渗透呈现出新态势，通过散播"失败论""文明冲突论"和"人权高于主权论",打击社会主义国家人民对于社会主义的信心,模糊意识形态的对立,为干涉他国内政提供理论基础。有的学者论述了国外宗教思潮、国外媒体及网络信息技术对我国主流意识形态建设的影响。有学者指出,新时代我国主流意识形态的影响主要来自美国和西方发达国家,这些国家利用网络技术优势传播意识形态,实现文化扩张,通过人权外交、民主外交传播价值观念,实现对我国主流意识形态的渗透与侵蚀。还有学者认为,在新时代进程中,意识形态领域的斗争呈现出"西强东弱"和"西攻东守"的局面,以美国为首的西方发达国家通过经济制裁、政治诱压、军事打击和文化殖民来对发展中国家进行意识形态的渗透,进而削弱了我国主流意识形态的思想整合功能、为政治体系提供合法性的辩护功能和文化吸引功能。

(4)新时代主流意识形态建设的对策与路径研究。有的学者认为新时代主流意识形态建设对策主要有两个方面:第一,对依托于前沿技术的文化侵略要有有效的对策。第二,在新时代,发展自己才是硬道理,中国要在新时代的发展中有所作为。有的学者指出,新时代党的意识形态必须从以下几个方面着手:首先,随着经济全球化和现代科学技术的迅速发展,意识形态建设必须向国际领域拓展,通过开放发展、传播发展和比较发展,使我党的意识形态适应对外开放的需要,面向世界;其次,意识形态必须面向经济与科技领域,为经济、科技发展提供人文动力、规范程序,为各种传媒环境、网络等新领域提供必要保证;最后,意识形态必须面向社会心理领域发展,掌握社会舆论,引导社会心理,实现意识形态的心理转化。有的学者认为,面对网络化、信息化的挑战,要充分发挥我国意识形态的功能,必须从以下几个方面入手:创新主流意识形态建设的路径;建立政府主导型的网站,宣传主流意识形态,确保党的意志在上层建筑领域中的优势、主导地位,将新媒体视作"意识形态国家机器"的重要组成部分;要增强主流意识形态的包容性,在对待多元化的社会意识中要掌握网络阵地的主导权,加强网络监管,确保我国主流意识形态的安全。面对新时代主流意识形态所面对的挑战,必须努力探索优化党的意识形态整合功能的有效途径：以经济建设为中心，维护和发展党的绩效张力效应，实现改革与建设成果的共享；以思想理论建设为先导，不断增强马克思主义的导向力和说服力；以党员队伍建设为基础，增强党的意识形态的影响力；要加强思想教育工作，实现主流意识形态的内在化。有的学者认为利益是研究意识形态的逻辑起点，而利益实现则是社会主义意识形态创新发展的归宿点。因此，要从一般性规律即利益关系入手来研究意识形态。所以，我国意识形态建设要高度关注民生，关注利益诉求，这是我国主流意识形态的创新点和发展点。要切实促进公平，要努力追求正义。另外，还有许多研究者对新时代与我国主流意识形态建设的战略对策进行了深入思考和探讨，如有的研究者从马克思主义理论创新、体制创新和培育社会主义核心价值体系角度来研究如何提升我国主流意识形态的吸引力。

综上所述，虽然我国学者在新时代主流意识形态建设的研究方面取得了一定的研究成果。但由于我们刚刚迈入新时代，对新时代的内涵、特征、发展趋势的研究还不够，对新时代主流意识形态建设的系统性思考还不够，主要表现在：一是从新时代的角度研究我国主流意识形态的建设规律还不够，滞后于现实发展的需要。尤其是对在新时代背景下如何进行意识形态理论创新和实践创新的研究还不够全面深入。二是从现有的研究成果来看，主要是从新时代文化视角来探讨主流意识形态建设的路径和对策，极少有学者从新时代的多维性，更没有学者是从经济、政治、文化三个维度来探讨我国主流意识形态建设。新时代实践的发展表明我们需要从新时代的多维性的现实出发，对我国主流意识形态建设的战略对策做出更加全面系统的研究。三是宏观概括较多，细致分析缺乏。已有研究成果虽然归纳了影响与制约我国主流意识形态认同的相关因素，但这些分析基本上都停留于背景性、原则性、战略主张性的宏观概括与解释，研究分析的深度不够。四是研究出发点比较单一。已有的成果对我国主流意识形态建设问题的研究，基本上局限于巩固党的执政地位、维护我国政治安全。我们应当肯定这种研究十分必要，也很重要。但是单一的出发点导致了研究类型的单一倾向。事实上，对主流意识形态建设问题的研究应该采取更加开放的思维，尝试从多角度、多领域甚至跨领域开展综合研究，这样有利于形成更为活跃的研究局面。

第三节　研究思路和方法

一、研究思路

本书以当今新时代的发展进程为时代背景，运用马克思的意识形态理论和科学社会主义理论，以我国主流意识形态建设为主线，以探讨多维新时代背景下我国主流意识形态建设为重点，从建设中国特色社会主义的实际出发，吸收和借鉴经济学、政治学、社会学和文化学等学科的研究成果，在深刻把握新时代与主流意识形态关系的基础上，对我国主流意识形态建设的实践形式进行新的构建，即从新时代经济、政治、文化三个维度来建设主流意识形态。

本书共分五章。

第一章是"新时代的基本理论"。本章首先阐述了新时代的定义、进程、本质和特征；在把握新时代本质特征的基础上，分析了新时代的多维性。深入论述了马克思的科学社会主义理论，根据马克思的科学社会主义理论，得出中国特色社会主义新时代开辟了科学社会主义的新境界，形成了道路、理论、制度、文化"四位一体"有机统一的科学体系，实现了经济、政治、文化、社会、生态文明五大建设的统筹推进，最后得出中国特色社会主义进入新时代是世界历史发展的必然趋势。

第二章是"我国主流意识形态建设概述"。本章首先对主流意识形态的概念和内涵进行概括，其中包括意识形态概念的界定、主流意识形态概念的内涵概括、主流意识形态的社会功能；其次回顾和梳理了我国主流意识形态的创立和发展过程：即分为中国共产党对马克思主义的选择、我国主流意识形态主导地位的确立和我国主流意识形态建设的历程；最后简要总结与反思我国主流意识形态建设的经验与教训，并指出其对当前我国主流意识形态建设的启发。

第三章是"新时代与我国主流意识形态建设的关系阐释"。本章首先深入分析了新时代与意识形态两者之间的关系，指出新时代具有意识形态性，意识形态建设影响着新时代进程，新时代进程中存在着各种意识形态冲突。在此基础上，对新时代与我国主流意识形态的内在关系进行新的思考。在吸收学界研究成果的基础上，运用马克思主义关于科学社会主义的理论，坚持历史尺度和价值尺度相统一的方法，阐释了新时代与我国主流意识形态的内在关系，指出两者具有互动性，既存在一致性的一面，又存在矛盾性的一面。其次重点分析了新时代给我国主流意识形态建设带来的新机遇和新挑战，指出新时代给我国主流意识形态建设带来了难得的机遇，并分别从经济、政治和文化三个维度来论述新时代给我国主流意识形态建设带来的历史机遇和有利条件。新时代我国主流意识建设也面临新的挑战，并分别从经济、政治和文化三个维度论述新时代我国主流意识形态建设面临的巨大挑战。

第四章是"新时代背景下我国主流意识形态建设的基本目标、基本原则和基本要求"。本章首先指出我国主流意识形态的基本目标：巩固马克思主义在意识形态领域的指导地位，夯实中国特色社会主义道路的思想基础，深入推进社会主义价值体系的建设和增强我国社会主义文化的软实力。其次重点阐述了新时代背景下我国主流意识形态建设要遵循的四条基本原则，即坚持一元性与多样性、继承性与创新性、先进性与广泛性、自主性与包容性相统一的原则。最后指出实践性、人民性和时代性是我国主流意识形态建设的基本要求，其中实践性是主流意识形态建设的现实基础，人民性是主流意识形态建设的价值取向，时代性是主流意识形态建设的必然要求。

第五章是"新时代背景下我国主流意识形态建设的对策与路径"。在前面研究的基础上，本章从新时代的多维角度对我国主流意识形态的建设对策与路径进行了更加全面系统的思考：从新时代的经济维度去深入思考我国主流意识形态的建设，需要在坚持解放和发展生产力中夯实主流意识形态的物质基础，在坚持走共同富裕的道路中彰显主流意识形态的比较优势，在完善社会主义市场经济中发挥主流意识形态的引领功能。从新时代的政治维度去思考我国主流意识形态的建设，首先要塑造良好的国家形象，优化主流意识形态建设的外部环境；其次要推进国家治理现代化进程，丰富主流意识形态建设的时代内涵；最后要加强党对意识形态的管理能力，使主流意识形态建设的组织基础更牢固。从新时代的文化维度去深入思考我国主流意识形态的建设，要以中华民族伟大复兴的中国梦为主题，增强主流意识形态认同；要以推进文化创新为关键，增强主流意识形态活力；要以提高文化传播力为重点，提升主流意识形态影响力。

二、研究方法

（1）唯物辩证的分析方法。本研究涉及意识形态和科学社会主义两大理论，必须坚持历史唯物主义和辩证唯物主义关于社会存在与社会意识关系的基本观点和方法论原则，揭示意识形态的内涵实质和社会功能；需运用社会基本矛盾分析法，揭示科学社会主义产生的根源及其发展过程中经济、政治、文化等多种维度相互作用的辩证关系。唯此，才能对新时代主流意识形态建设问题做出系统回答。

（2）文献研究法。本书立足于新时代背景，以马克思主义意识形态理论和科学社会主义理论为理论依据，以新时代进程中主流意识形态建设为主线，重点用马克思主义理论的立场、观点和方法对新时代背景下我国主流意识形态建设问题进行系统的研究。这就要求必须对马克思主义经典著作中关于科学社会主义和意识形态的论述进行细致梳理，同时还要广泛搜集学界关于我国主流意识形态建设的书籍、期刊论文和报纸等资料，借鉴前人的研究成果，从以往文献资料中，或汲取丰富的素材和营养，或获得可贵的灵感和启发。总之，文献研究法是本书的主要研究方法。

（3）理论联系实际的方法。理论联系实际的方法要求在研究中要坚持把理论和实践结合起来，坚持把实践作为理论研究的根本出发点和落脚点。新时代背景下的意识形态问题，不仅是一个理论问题，还是一个实践问题，是一个现实和理论双重扩展的过程。本书研究中，无论是对新时代与意识形态进行的形而上的理性思考，对新时代背景下我国主流意识形态建设面临的机遇与挑战的现实分析，还是对我国主流意识形态建设应对所做的形而下的路径与对策的探讨，都将理论联系实际的方法贯穿始终。

第四节　本书的重点、难点和创新点

一、本书的重点

本书在已有的研究成果的基础上，试从唯物史观的角度，以辩证法的眼光和实事求是的态度对新时代与意识形态建设的关系进行全面深入挖掘，剥去浮于表面的单一分析，找到新时代与意识形态内在的、本质的关系，在此基础上，对我国主流意识形态在新时代背景下的建设进行深入系统的研究。因此，对于新时代与我国主流意识形态建设的关系的阐释，正确把握机遇与应对挑战，是本研究的一个重点。

理论研究的目的在于指导实践、解决实际问题。在已有研究成果上，从多维新时代视角来系统地研究和论述我国主流意识形态建设的思路、对策和路径，这是基于理论创新和实践发展的需要进行新的探索与尝试。因此，新时代背景下我国主流意识形态建设的对策与路径是本研究的另一个重点。

二、本书的难点

本书的难点主要表现在两个方面：

第一方面，选题难度系数高。新时代与意识形态是两个大的研究领域，本书要将两者结合起来，驾驭的难度较大。而且本书尝试从新时代的经济、政治和文化三个维度来深入分析主流意识形态面临的新机遇和新挑战，并分别从三个维度指出主流意识形态建设的对策和路径，难度较大。因此，能否深刻揭示新时代与我国主流意识形态的关系，正确把握机遇与应对挑战，科学提出新时代背景下我国主流意识形态建设的对策与路径是本书的难点。

第二方面，难度来自对现有研究资料的把握。虽然学术界对意识形态的研究可谓硕果累累，但关于新时代与意识形态的专著却显得较为匮乏，这样就致使本选题可以直接参考的文献资料甚少，几乎没有多少文献可供参考，使得本书的写作难度较大，但这也正凸显了本书的创新性，不仅在新时代意识形态思想研究上具有开拓性，也在某种意义上开拓了一个新的研究领域——以新时代主流意识形态建设研究为核心的意识形态研究。

三、本书的创新点

（1）在研究视角上进行了新尝试。以多维性新时代来探究我国主流意识形态的建设，是本书在研究视角上的创新。目前，大部分学者是把新时代作为一个背景进行主流意识形态建设研究，鲜有学者从新时代的多维性进行综合分析研究。本书从新时代的经济、政治、文化三个维度对我国主流意识形态建设进行研究，力求使研究的视域更宽，能够更加全面、客观地反映新时代对我国主流意识形态建设的影响。

（2）对新时代与我国主流意识形态的内在关系进行了新探索。目前国内学者都将新时代作为一个时代背景进行主流意识形态建设研究，鲜有学者去深入分析新时代与我国主流意识形态之间的关系。本书在吸收现有学界研究成果的基础上，运用马克思的科学社会主义理论，坚持历史尺度和价值尺度相统一的方法，阐明了意识形态与新时代的内在关系，深刻探究了新时代与我国主流意识形态的互动性，揭示了新时代与我国主流意识形态既有一致性的一面，又有矛盾性的一面。

（3）对新时代我国主流意识形态建设对策进行了新思考。鉴于本选题既是一个理论课题，更是一个实践课题，本书力求研究成果更具现实指导意义。正是基于这种思考，本书坚持形而上理性思辨和形而下的对策研究相结合，在我国主流意识的建构上既有战略性的宏观指导，又有策略性的具体对策。

第一章 新时代的基本理论

  党的十九大报告郑重地向全世界宣告中国特色社会主义进入新时代，这是一个分量很重、内涵很深的重大政治论断。新时代之"新"，在于我们进入了一个新的发展阶段，发展环境、发展条件都发生了新变化，目标任务、工作要求也发生了新变化。新时代之所以"新"，在于我国社会主要矛盾发生了根本性的变化，已由人民日益增长的物质文化需要同落后的社会生产力之间的矛盾，转变成了人民日益增长的美好生活需要和不平衡不充分的发展之间的矛盾。新时代之所以"新"，在于中华民族迎来了从站起来、富起来到强起来的时代。新时代之所以"新"，在于我们处在比历史上任何时期都更接近、更有信心和能力实现中华民族伟大复兴的时代。本章运用马克思的科学社会主义理论对新时代的定义、起因、历史进程、本质与特征进行梳理和剖析，尝试界定新时代的概念，阐释新时代的理论内涵。

第一节 新时代解析

  任何一个理论要被人所信服，既要能够回答时代课题、指导推动实践，又要有独具特色的理论品质和富有感召力的思想力量。新时代不是一个时间概念，而是一个历史方位，党的十九大报告对于"新时代"的内涵做了五点阐述：第一，从历史、现在、未来的联系上看，这是承前启后、继往开来，在新的历史条件下继续夺取中国特色社会主义伟大胜利的时代；第二，从我们承担的历史使命看，这是决胜全面建成小康社会、全面建设社会主义现代化强国的时代；第三，从中国人民对美好生活的追求上看，这是全国各族人民团结奋斗、不断创造美好生活、逐步实现全体人民共同富裕的时代；第四，从民族复兴的角度看，这是全体中华儿女勠力同心、奋力实现中华民族伟大复兴中国梦的时代；第五，从世界大局看，这是我国日益走近世界舞台中央、不断为人类做出更大贡献的时代。

一、时代的定义及历史进程

"时代"在《辞典》（修订版）中是指历代、世代、现代、人生命中的某个时期及历史上的某个时期阶段。如《宋书·卷一四·礼志一》中有"况三国鼎峙，历晋至宋，时代移改，各随事立"，此处的"时代"指历代。"时代种桃李，无人顾此君"，此处"时代"指的是世代。"时代思想""时代潮流""跟不上时代"中的"时代"则是指现代。"幼年时代、青年时代、老年时代"中的"时代"指的是人生命中某个时期。"冰河时代""石器时代""铜器时代"中的"时代"则指的是历史上的某个时期阶段。中国学者关于"时代"的定义有三种不同的观点：第一种观点："'时代'，最一般的含义是反映事物发展某一阶段的基本特征。作为历史范畴的时代，是指人类社会发展过程中由社会生产方式决定的一定的历史阶段的社会主题、社会结构、社会形态的总称。"[1] 第二种观点：第一层含义，指历史上以经济、政治、文化等状况为依据而划分的某个时期，如石器时代、封建时代、五四时代。第二层含义，指个人生命中的某个时期，如青年时代。第三种观点："时代"一般是指历史发展的时间序列。

笔者认为，第一种观点比较适合本书的"时代"指向。对于新时代的界定，既可将其视为一种社会进程，也可视为一种社会状态，既可做事实判断，也可做价值判断。作为描述性概念，新时代表达的是基于事实的中性概念，而作为规范性概念，新时代是一种基于价值的理想性概念。毋庸置疑，新时代中国特色社会主义是社会主义初级阶段发展的逻辑必然，它全方位继承和创新了新时期中国特色社会主义，使中国特色社会主义的内

---

① 包心鉴：《马克思主义中国化的基本规律与当代走向》，人民出版社 2011 年版，第 207 页。

涵式发展有了一个质的提高。新时代在其进程中不断发生嬗变，具有不同的阶段性特征，人们对它的认识既可以是历史的、当下的，也可以是未来的。对其历史与当下可进行事实性的描述，而对其未来则可进行规范性和理想性的构想。

新时代不同于新时期，是成熟和成长了的新时期，是新时期向前发展的必然结果。从进程和状态来界定新时代，它无疑是科学社会主义走向共产主义历史进程中的一个社会进程。根据辩证法的观点，进程和状态是统一的，作为现实的进程和状态又是具体的和历史的。因此，处在不同历史时期的人感受到的新时代及其认知也是不同的。例如，对于作为社会进程的新时代，有人坚持"中心论"，认为它是某个中心模式的扩散并直至将其普遍化的过程；也有人坚持"非中心论"，认为它是由多主体推动、多模式共存和互动的过程。作为理想的新时代状态，应更多地具有整体性和一体化的特征。

除此之外，还有一个很重要的原因，新时代是一个历史方位，不仅仅是一个时间概念。就目前而言，实践中还没有形成一个放之四海而皆准的新时代模式，学术界也还没有一个举世公认的定义，人们也无法用一句明确的解释和简洁的概括来准确地描述新时代所涵盖的丰富内涵。可以说，新时代是多维度的、全方位的，在不同层次、不同领域都有体现，它既在经济领域、政治领域有突出表现，也在文化领域、科技领域有深刻反映；既体现在物质层次，也体现在精神层次；既有行为层面的，也有制度层面的。因此，需要跨学科和多视角地对"新时代"进行综合研究和界定。

虽然学术界尚未能够给新时代下一个准确的定义，但是任何研究都是基于一定的概念理论而展开的，这是研究的起点和基础。所以，笔者结合本研究的"意识形态"主题，尝试给新时代做一个初步界定，认为新时代是中国特色主义发展到一个新的历史阶段，是马克思科学社会主义理论中国化的一个最新成果，从历史逻辑来看，"新时代"是世界社会主义发展历史链条中的一环。习近平总书记曾把世界社会主义 500 年的历史分成六个时间段进行系统回顾和梳理，这六个时间段为：空想社会主义产生和发展阶段；马克思、恩格斯创立科学社会主义理论体系阶段；列宁领导十月革命胜利并实践社会主义阶段；苏联模式逐步形成阶段；新中国成立后我们党对社会主义的探索和实践阶段；我们党做出进行改革开放的历史性决策、开创和发展中国特色社会主义阶段。世界社会主义发展的六个时间段展现了中国特色社会主义发展的历史渊源和进程。而新时代是世界社会主义发展 500 年历史中的六个时间段后又一个重要且具有深远意义的时间段，是世界社会主义发展的华丽篇章。

从实践逻辑来看，"新时代"是中国特色社会主义实践发展的历史性变革阶段，与社会主义在中国实践发展的前两个阶段（社会主义探索和实践阶段、开创和发展中国特色社会主义阶段）既"同"又"不同"，相同的是它们仍处于社会主义初级阶段的基本国情；不同的是"新时代"从发展的历史起点、指导思想的与时俱进、社会主要矛盾的变化、全面建设社会主义现代化国家的奋斗目标、党的新的历史使命、党的建设新要求等方面都有了全新的发展。从理论逻辑来看，"新时代"产生的习近平新时代中国特色社会主义思想这一最重要理论成果，是对马克思列宁主义、毛泽东思想、邓小平理论、"三个代表"重要思想、科学发展观的继承和发展，是马克思主义中国化的最新成果，是党和人民实践经验和集体智慧的结晶，是中国特色社会主义理论体系的重要组成部分。

首先，新时代的"新"是生产力方面所发生的历史性变革，主要体现在由要素驱动、投资规模驱动转向更加注重创新驱动。十八大以前，我国拉动经济增长的主要方式，一个是要素驱动，另一个是投资规模驱动，主要依靠廉价的劳动力成本、消耗自然资源、资本投资等方式。这种驱动方式适合于改革开放初期科技创新匮乏的阶段，它在很长一段时期提高了我国经济发展的速度。但随着经济社会的发展，要素和投资方式驱动发展的空间越来越小，道路越走越窄，代价越来越大，所以我们必须寻求发展的再生之路。再生之路就是十八大以来以习近平同志为核心的党中央所强调的创新驱动。五大新发展理念"创新、协调、绿色、开放、共享"，第一个就是创新，这是生产力领域正在发生的历史性变革。

其次，新时代的"新"体现在生产关系的变革上，生产关系是人们在物质生产过程中形成的不以人的意志为转移的经济关系，生产力的变革性

第一章　新时代的基本理论

发展引起了生产关系的变革，我国的生产关系是建立在以公有制为主体、多种所有制经济共同发展基础之上的生产关系。十八大以来，我们党坚持遵循中国特色社会主义市场经济内在规律，发挥市场在资源配置中的决定作用，这一方面调动了非公有制经济的生产积极性，另一方面也使公有制经济能够确保重要领域的经济安全，充分体现了新时代要不断满足人民日益增长的美好生活需要。

最后，新时代的"新"体现在新时代社会主要矛盾的转化，社会主要矛盾变化受制于社会生产力的发展水平。生产力和生产关系的矛盾统一体是生产方式，依此可以将人类社会划分为工具时代、农业时代、工业时代、知识时代四个时代。从历史唯物主义角度观察，社会发展时代或时期的划分依据是社会主要矛盾，是社会基本矛盾及其矛盾主要方面的阶段性标志。这样就产生了三种时代划分：一是以生产力与生产关系矛盾统一体即生产方式，特别是生产力作为划分依据，如将人类社会迄今为止划分为工具时代、农业时代、工业时代、知识时代四个时代或四种类型的文明。二是以经济基础与上层建筑矛盾统一体即社会形态，特别是生产关系作为划分依据，如原始社会、奴隶社会、封建社会、资本主义社会、社会主义社会五种社会形态的划分。三是以变革制约生产力发展的经济基础或上层建筑内容作为划分依据。这种划分的具体依据呈现多层次多维度，如国际层面的帝国主义战争与无产阶级革命时代、冷战时代、和平与发展时代的划分；国家层面的民族民主革命时期、社会主义革命时期、改革开放时期的划分；同一历史时期的里根时代、老布什时代、克林顿时代。习近平总书记结合社会发展受制于生产力与生产关系的总体状况，特别是社会生产力的发展水平，指出社会生产力发展水平的跃进是社会主要矛盾发生转变的决定性因素，主要矛盾阶段性转换是中国特色社会主义进入新时代的根本依据。也就是说，社会生产力发展决定社会主要矛盾的变化，社会主要矛盾的变化决定新时代的到来，产生作为新时代标志的理论及其方略，这就是新时代发展形成的内在逻辑，它以主要矛盾转换为基点，构成中国特色社会主义进入新时代的依据，从动态把握矛盾转化规律和社会主要矛盾发展态势的基础上做出重大政治判断。因此，我们要站在新的起点上思考解决人民美好生活的需要与制约美好生活的社会问题、发展不平衡不充分的问题的方法。与此同时，我们必须摸清新阶段存在的新矛盾、新问题，群众的新需求、新期盼，进而厘清干什么、怎么干的问题。

中国特色社会主义进入了新时代，意味着近代以来久经磨难的中华民族迎来了从站起来、富起来到强起来的伟大飞跃，迎来了实现中华民族伟大复兴的光明前景。新时代的产生经历了站起来、富起来前两个阶段，以毛泽东为首的中国共产党人领导全国人民取得了胜利，成立了中华人民共和国，中国人民站起来了。在以邓小平同志为核心的党中央领导下，中国人民实行改革开放，使我们的国家慢慢富起来，而现在是在以习近平为核心的党中央领导下，我们正走在中国强起来的征程上。

十九大报告从五个方面阐述了新时代丰富的思想内涵，除了字面意义外，还应该把握以下几点。首先，新时代是指中国特色社会主义进入新时代，空间限制为中国国内，而非泛指整个世界。因此，中国特色社会主义进入新时代没有改变整个世界处于资本主义与社会主义两种制度长期并存、资本主义向社会主义过渡的大时代观，没有改变和平与发展是时代主题的科学判断。其次，新时代的起点应该从党的十八大开始。党的十八大承前启后、继往开来，以习近平总书记为核心的党中央接过历史接力棒，开启了中国特色社会主义新时代。社会根本矛盾的变化使发展过程呈现出阶段性特征，而人们对于过程阶段性的认识又会经历由表及里、由感性到理性、由不正确到逐步正确的过程。这里既需要实践的开展，也需要认识的深化，认识的过程实际上也就是客观实践的展开和深入的过程。因此，不能把新时代提出的时间看成新时代的历史起点。最后，新时代的开辟既是十八大以来党和国家事业发生历史性变革的结果，也是中国共产党人带领全国各族人民长期不懈奋斗的结果。作为一个责任与使命型政党，中国共产党强调事业的接续奋进，既总结经验，又汲取教训，不断朝着崇高的目标前进。

中国特色社会主义进入新时代不是凭空产生的，而是实践发展下矛盾运动的结果。在复杂事物的发展过程中，有许多矛盾存在，其中必有一种是主要矛盾，它的存在和发展规定或影响着其他矛盾的存在和发展。因此，正确把握不同历史时期的社会主要矛盾是认清发展所处历史方位的根本依据。党的十九大报告明确指出："我国社会主要矛盾已经转化为人民日益增长的美好生活需要和不平衡不充分的发展之间的矛盾。"之所以说中国特色社会主义进入新时代，依据就是社会主要矛盾的转化。新时代中国社会主要矛盾内涵丰富，可以从人民、日益增长的美好生活需要、不平衡不充分的发展这三个概念来理解。

第一，需求主体——人民。"人民"是一个政治范畴和历史范畴。它是指在人口中占大多数、顺应历史发展、推动历史进步的阶级、阶层和社会集团。随着社会变迁，"人民"的外延也不断丰富。现阶段"人民"的外延包括工人、农民、知识分子、新的社会阶层在内的最广大群众。其中，工人、农民和知识分子是我国社会"人民"的主体，始终是推动我国生产力发展和社会全面进步的根本力量。

第二，需求表现——日益增长的美好生活需要。人的需求是多样的，且处于动态变化之中。过去，我们生产力低下，物质匮乏，主要着眼于创造更多的物质财富来满足人民迫切的生活需要。随着社会的发展，我们从"温饱"到"小康"，到"总体小康""全面小康"，不久将全面建成小康社会。随着生活水平的提高，整个社会消费结构必将发生显著变化。人们的需要日益广泛，不仅对物质生活提出了更高的要求，而且在民主、法治、公平、正义、安全、环境等方面的要求也日益增长。

第三，供给状况——不平衡不充分的发展。经过几十年的发展，我国落后的社会生产已大为改进，但发展的不平衡不充分状况依然存在。不平衡体现了供给与需求在空间上的不匹配。主要表现为：发达地区与落后地区之间、东中西部之间、城乡之间的发展不平衡；各地域之间、各行业之间资源分配不平衡；不同层次的产业之间、产业内部之间的产业结构不平衡；国家在政治、经济、文化、社会、生态各领域之间的治理不平衡，不同社会结构人群之间的财富收入分配不平衡，等等。不充分体现的是供给对需求的满足程度上还不够，主要表现在发展质量和效益不高。"不平衡"和"不充分"相互联系，"不充分"是"不平衡"产生的前提条件，"不平衡"反过来又会加剧"不充分"。

需要特别指出的是，十九大报告中讲的是主要矛盾的"转化"，其意思不是完全的改变，而是在原有基础上的"进化"。因此，主要矛盾新的提法与之前的提法不能完全割裂。"美好生活的需要"并不是说不再满足"物质文化需要"，改变"落后社会生产"的提法也并不意味着我们的社会生产已经达到了很高的水平，不再需要发展，而是强调在我国社会生产能力水平总体显著提高、很多方面进入世界前列的情况下，发展的突出问题表现为"不平衡不充分"。社会主义建设的任务依然是进一步解放生产力，发展生产力，逐步实现社会主义现代化，并且为此而改革生产关系和上层建筑中不适应生产力发展的方面和环节。但与之前相比，根本任务的关注点及实现形式会发生变化，从而给党和国家工作带来重要影响：人民的美好生活需要为发展提供了新的动力；人民多方位多层次的需要为党和国家的工作指明了方向；不平衡不充分为高质量发展提出了新的要求。

党的十九大报告用三个"意味着"分别从民族复兴、社会主义、现代化维度阐明了新时代的重大意义。这三个方面所指涉的实践，有的已经完成，有的正在进行，还未能全部实现。第一层含义，中华民族伟大复兴——从站起来、富起来到强起来。中华民族有着5000多年的灿烂文明，但自鸦片战争以来，中国逐渐沦为半殖民地半封建社会。由此，求得民族独立和人民解放，实现国家繁荣富强和人民共同富裕，成为近代以来中华民族亟待解决的两大历史任务。从洋务派到资产阶级维新派、革命派再到中国共产党，历史和人民最终选择了中国共产党。中国共产党的诞生是中国历史上开天辟地的大事，中国人民在精神上由被动转为主动。习近平总书记用站起来、富起来、强起来串起了中国共产党波澜壮阔的历史，形象地表达了中国人民在革命、建设和改革以及新时代的精神风貌。

以毛泽东为代表的中国共产党人解决了半殖民地半封建中国"为什么要革命，怎么革命，革命后走向何处"的问题。国家的基本统一、民族主体性身份的重塑、社会主义制度的确立标志着"站起来"目标的成功实现，也为追寻"富起来"奠定了根本的政治前提和制度基础。党的十一届三中全会之后，以邓小平、江泽民、胡锦涛为代表的中国共产党人总结历史经验教训，立足于社会主义初级阶段的基本国情，带领广大人民由小康社会到总体小康再到全面小康，朝着共同富裕的目标一步步迈进。党的十八大以来，以习近平同志为核心的党中央统筹推进"五位一体"总体布局，协调推进"四个全面"战略布局，解决了许多长期想解决而没有解决的难题，办成了许多过去想办而没有办成的大事，我国经济实力、科技实力、国防实力、综合国力、国际影响力和人民获得感显著提升。按照十九大规划的路线图，我国将在21世纪中叶建成社会主义现代化强国，实现中华民族伟大复兴的中国梦。

第二层含义，社会主义在中国——从传统社会主义到中国特色社会主义。世界社会主义有着500年的发展历史，经过了从空想到科学、从理论到实践、从一国实践到多国发展的过程。社会主义制度在中国确立后，如何建设社会主义是党面临的一个崭新课题。囿于历史条件，我们在起步阶段只能向苏联学习，不久之后，我们认识到苏联经验的局限性，提出以苏为鉴，开始探索适合中国国情的社会主义建设道路。尽管探索过程中历经曲折，但党在社会主义建设中取得的独创性理论成果和巨大成就为新的历史时期开创中国特色社会主义提供了宝贵经验、理论准备、物质基础。十二大"建设有中国特色的社会主义"命题的提出，明确了当代中国社会主义建设的方向。在随后的实践中，党中央进一步把这一方向确定为建设和发展有中国特色社会主义。以江泽民、胡锦涛为代表的中国共产党人分别把有中国特色社会主义成功推向21世纪和在新的历史起点上坚持和发展中国特色社会主义。党的十八大以来，以习近平同志为核心的党中央继续把"这篇大文章写下去"，从理论和实践的结合上系统地回答了在新的时代条件下坚持和发展什么样的中国特色社会主义、怎样坚持和发展中国特色社会主义的问题。正是围绕回答这一系列理论和实践问题，习近平新时代中国特色社会主义思想得以形成，为新时代坚持和发展中国特色社会主义、推进党和国家事业提供了基本思路，为21世纪发展马克思主义、当代中国马克思主义做出了历史性贡献。

第三层含义，中国式现代化——中国智慧和中国方案。现代化运动发端于资本主义，长期以来被西方国家所引领。中国的现代化不是"早发内生型"，而是与之相对的"晚发外生型"。又由于中国特殊的国情，中国现代化进程的形势十分复杂和严峻。一方面，要摆脱总体性的民族生存危机，建立一个独立、统一的现代国家，为社会生产力的解放、发展和社会文明结构的全面转型提供坚实基础。这一问题的解决以新中国成立为标志。另一方面，要对以资本为逻辑的现代化予以批判，并建构新的、区别于苏联模式及资本主义发展模式的现代化方案。同时，既要保持经济快速发展，又要维护社会稳定和谐，更要体现社会主义价值理念。新中国成立之后，中国共产党领导的现代化运动，一直以来都是和社会主义紧密连接在一起的。尽管现代化建设曾遇到严重挫折，但中国共产党从来没有放弃对现代化的追求，没有放弃社会主义制度。

如同中国特色社会主义超越传统社会主义一样，中国式现代化超越了传统资本主义的发展道路。经过几十年探索，党的十七大报告明确提出了"中国特色社会主义理论体系"的科学命题，并对其做出了详尽阐述。在党的十九大报告中，习近平总书记着重指出："中国特色社会主义道路是实现社会主义现代化、创造人民美好生活的必由之路。"由上观之，中国共产党所开创的中国特色社会主义道路，一方面体现了中国社会发展的特殊性，这就要求我们要以中国为中心，以正在做的事情为中心，着眼于运用，着眼于深化对实际问题的理论思考，着眼于新的实践和新的发展；另一方面体现了社会主义与现代化的普遍性，为人类探索更好的现代化道路及社会制度提供了中国智慧和中国方案。

二、新时代的特征

每个时代都会出现反映时代特征、时代主题的时代观，而科学的时代观都将自己的时代观深植于回答时代提出的问题之中。时代观的生命力在于它能够及时发现时代提出的问题，并正确回答时代所提出的问题。因此，时代观要想做到长盛不衰、生生不息，必须与时代发展的进程相一致，要能够反映时代的变化。偏离时代发展的轨迹，背离时代发展的要求，时代观就将失去活力和存在的依据。中国特色社会主义进入新时代，这是一个大时代，它始于 2012 年，可能会延续到 2050 年，实践还没有展开，许多内容还没有呈现，我们可以做的研究是基于对目前实践的总结和对未来的预期的研判，可能我们的总结与判断并不准确，但是会引起人们关注与思考，希望这幅研究的画卷会因此变得丰富生动。

1. 新时代开辟了社会主义发展的新境界

我们只要认真回顾一下世界社会主义 500 年的历史，就会清晰地发现，一部世界社会主义 500 年的发展史，这个阶段从空想社会主义的产生、科学社会主义的创立、社会主义在一国实践——俄国十月革命、苏联社会主义制度的建立到中国及其他国家对社会主义制度的选择，以及东欧剧变后中国特色社会主义道路的崛起，十八大后中国特色社会主义进入新时代，可以说新时代开辟了社会主义发展的新境界。社会主义在世界范围内的实践发展可以划为四个阶段：第一个阶段是世界上第一个社会主义国家——苏联的出现，标志着社会主义由科学理论到现实——国家实践的实现，这是社会主义发展的初期阶段。第二个阶段是 20 世纪初到 20 世纪 80 年代，资本主义由自由竞争到垄断阶段和国家垄断阶段，社会主义在全球范围内建立起来，形成两大阵营对峙局面。第三个阶段是 20 世纪 80 年代之后，和平与发展成为时代发展的主题。资本主义由国家垄断阶段进入国际垄断阶段或全球垄断阶段。社会主义在这期间发生了苏联解体、东欧剧变，经历了严重的挫折，但社会主义中国却以西方不认可的模式开辟了崭新的中国道路，从而使社会主义进入了一个新的发展阶段，形成了中国特色社会主义，并取得了巨大的成功，创造了令人惊叹的中国奇迹，可以说中国特色社会主义谱写了社会主义发展的辉煌篇章。第四个阶段是十八大以来中国特色社会主义进入新时代，意味着中国特色社会主义道路、理论、制度、文化不断发展，拓展了发展中国家走向现代化的途径，给世界上那些既希望加快发展又保持自身独立的国家和民族提供了全新选择，为解决人类问题贡献了中国智慧和中国方案。进入新时代，中国特色社会主义这面旗帜在全世界更加绚烂夺目，更加令人神往，成为引领 21 世纪科学社会主义发展的伟大旗帜，成为振兴世界社会主义的中流砥柱。考察新时代的形成进程，我们可以看到，新时代归根结底是生产力与生产关系矛盾运动的结果。人类社会生产力一旦发展到一定的程度，必然要求其生产方式由国家和地区的范围向全世界拓展，生产力的变化导致生产关系发生变化，历史向世界历史转变需要经过历史向资本主义的世界历史、资本主义和社会主义共存的世界历史和社会主义的世界历史转变三个阶段来完成。从本质上来讲，新时代是社会基本矛盾作用的结果。

2. 新时代孕育了习近平新时代中国特色社会主义思想

任何一种新的理论与思想的诞生离不开其所处的时代背景，根据马克思主义理论，认识来源于实践，认识与实践相互发生作用。新的时代会催生新的思想，新的思想会引领新的时代，且新时代的推进发展与新思想的诞生形成是同期同步、协同进行的。一方面，新的时代形势对新思想的诞生发挥着催化剂的作用；另一方面，新思想的成熟对新时代的进步起着助推器的功效。中国特色社会主义进入新时代，意味着中国社会进入新时代，社会的发展是全方位的，包括政治、经济、文化、生态、社会、国防等。进入新时代，我国经济发展速度放缓，增长动力不足。针对这一问题，以习近平总书记为核心的党中央科学地分析了其原因与特点，创造性地提出了我国经济进入新常态的新判断，同时以中国仍处于社会主义初级阶段、仍是世界上最大发展中国家为基本依据，始终坚持以经济建设为中心，坚持把发展作为解决中国所有问题的关键和基础，并要求经济发展要从要素驱动、投资驱动转向创新驱动，提出全面深化改革的战略部署；新时代，针对法律体系不健全、法律执行力不强等问题，明确全面推进依法治国总目标；针对新时代党面临的"四大考验"和"四大危险"及党肩负的"两个一百年"奋斗目标和实现中华民族伟大复兴的使命和责任，习近平深入推进党的建设新的伟大工程，提出全面从严治党的重大部署；新时代，人民对美好生活的期盼与不平衡、不充分发展的矛盾，人民不仅对物质生活有高要求，同时对政治更加民主、社会更加公平、环境更加美好等方面也有更高要求。针对人民对美好生活的向往，习近平总书记提出全面小康社会的重大部署。"四个全面"战略布局形成了习近平新时代中国特色社会主义新思想的核心部分。"两个一百年"奋斗目标和实现中华民族伟大复兴的"中国梦"是习近平新时代中国特色社会主义思想的中期目标和长远目标。习近平新时代中国特色社会主义思想，是党和人民实践经验和集体智慧的结晶。在这一思想的创立过程中，习近平同志做出了卓越的理论贡献。在领导推进党和国家事业发展的实践中，习近平同志以马克思主义政治家、思想家、理论家的深刻洞察力、敏锐判断力和坚强的战略定力，提出了一系列具有开创性的新理念新思想新战略，为这一科学理论的创立发挥了决定性作用，做出了决定性贡献。习近平新时代中国特色社会主义思想卓越的历史贡献在于：一是开辟了马克思主义新境界，实现了马克思主义基本原理与中国当代具体实际相结合的再一次历史性飞跃；二是开辟了中国特色社会主义新境界，深刻揭示了新时代中国特色社会主义的本质特征、发展规律和建设路径；三是开辟了治国理政新境界，正是在这一思想指引下，党的十八大以来，党团结带领人民推动党和国家事业取得了历史性的成绩。

3. 新时代催生了解决世界发展问题的新实践

中国特色社会主义道路是实现社会主义现代化、创造人民美好生活的必由之路，为中国人民走向现代化开辟了广阔的前景。无论搞革命、搞建设、搞改革，道路问题都是最根本的问题。改革开放40年来，我们之所以能够创造出人类历史上前无古人的发展成就，走出了正确道路是根本原因。现代化是所有国家、所有民族千百年来的梦想，中国坚持实事求是，从本国国情这一最大实际出发选择适合自己的道路，在解决民生、生态、法治等重大问题的发展方式、战略步骤上对广大发展中国家具有重大的借鉴意义。每个国家都有其独特的历史文化传统，中国方案、中国模式愿意为这些想保持自身独立性的国家提供另一种选择、另一种可能，促进世界和平与发展，共建美丽新世界，共建人类命运共同体。这是中国特色社会主义进入新时代，坚持马克思主义普遍性与特殊性相统一原理的必然要求，也是中国作为世界上最大发展中国家的责任担当。2010年，中国已成为世界第二大经济体，对世界经济的贡献率达到30%，这个30%的贡献率，意味着中国解决了世界上1/5人口的吃饭问题。中国利用劳动力、土地等资源的比较优势，为世界提供了大量廉价商品，成为名副其实的"世界工厂"，极大地降低了世界供应价格，相应地降低了很多国家的通货膨胀率。十八大以来，以习近平为核心的党中央聚焦农村发展和区域发展的弱项，重点关注扶贫开发的短板，提出精准扶贫方略，国务院制定并颁发了《中共中央国务院关于打赢脱贫攻坚战的决定》，要求在 2020 年实现贫困人口脱贫，贫困县摘帽。截至 2018 年年底，贫困人口累计减少了 8239 万人，贫困发生率从 2012 年的 10.2％降至 1.7％，一大批贫困户过上了小康生活，人民群众的安全感、获得感、幸福感大幅提升，为解决世界贫困问题做出了中国贡献，并为第三世界贫困国家提供了解决贫困问题可供参考的具体方案。"共享"发展理念是中国特色社会主义的本质体现，是马克思主义发展观的应有之义。

考察新时代的本质与特征，有助于我们更好地理解和把握当代新时代，进而使我们更好地迎接新时代带来的挑战。对于新时代，我们的目光不仅要关注社会生活的表层，而且更要关注新时代对主流文化、价值、制度、生产方式、生活方式、社会规范的新要求，新时代有着划时代的意义。总之，对当代新时代本质和特征的认识，就是对新时代当代性的认识。这样，我们才能以更开阔的视野审视和迎接新时代。一则要对西方主导世界的这种不公正、不合理状况予以有理、有力的抗争，逐渐改变其不平衡和非人性化方面；二则要在解决全球性问题、维护人类整体利益方面做出积极的回应，努力协调好国家利益与人类整体利益的关系，从而为推动人类命运共同体做出贡献。

三、新时代的多维性

人类社会正在迈入一个全新的新时代时代。由于新时代无处不在的巨大影响，引发全球的人们都在思考新时代。"一千个读者心中有一千个哈姆雷特"，同一个历史过程，在不同人的眼里，形象截然相反。伴随着新时代影响从经济到政治、文化、科技、军事和社会等人类生活的一切领域的飞速渗透，新时代的研究范围也从单纯的经济领域，拓展到人类所能感知的一切领域。新时代理论与实践的交互作用，使得新时代多维性的事实得到不断强化，新时代多维性也在理论上得到认同。笔者认为最好把新时代看成是一组多向度的社会进程，而不能把它局限在任何单一的主题框架内。新时代已经渗透到当代社会生活的经济、政治、文化、技术和生态等各个方面，影响无所不在。现在问题的关键是，如何科学地界定新时代的维度。马克思主义的基本原理告诉我们，经济是社会发展的基础，政治是经济的集中体现，而文化则是对经济、政治的反映。在社会系统中，经济因素归根结底起着决定作用，但经济并非是唯一的积极因素，它与政治、文化等各种因素是相互作用、相互渗透的。新时代进程本身就是多种因素综合作用的非线性发展过程，因此，从经济、政治、文化三个维度来界定新时代，是科学的，也是符合实际的。经济因素是推动新时代不断演进的决定力量，在这一力量的作用下，新时代的政治、文化维度日益凸显。需要特别指出的是，新时代是一个充满矛盾与冲突的过程，其不同维度的内涵不同，发展也不平衡，所以不能用单一的标准、某个时期或阶段的特征以及某个维度的特征来衡量和概括新时代及其不同维度。

第二节　马克思恩格斯的时代理论

马克思和恩格斯在《德意志意识形态》中说道："一切划时代的体系的真正的内容都是由于产生这些体系的那个时期的需要而形成起来的。所有这些体系都是以本国过去的整个发展为基础的，是以阶级关系的历史形式及其政治的、道德的、哲学的以及其他的后果为基础的。"马克思主义时代观，产生于时代的需要，其形成离不开一定的时代背景、理论基础和现实根据。马克思主义时代观从来是同时代问题分不开的。马克思主义时代观首先就是时代的产物。马克思主义时代观是适应时代的发展要求，伴随着资本主义时代无产阶级运动的蓬勃发展而产生的。马克思主义经典作家虽然没有专门使用"新时代"这一概念，但在那个年代，马克思、恩格斯就以其深刻的洞见，对世界历史等问题进行了考察和论述，马克思、恩格斯提出的"世界交往""世界市场"和"世界历史"等视角就具有新时代方法论上的开创性意义，这些论述比较集中在《共产党宣言》《德意志意识形态》和《给维伊·查苏利奇的复信》等著作、文章和书信里。马克思、恩格斯视世界历史的全球化进程与资本主义在世界范围内的扩张和发展是一个"互动"的过程，这个过程促进了全球性的普遍交往和生产力的高度发展，从而为实现共产主义和人的自由全面发展提供了必要的物质基础与前提。

一、马克思的时代理论

1842 年马克思在给《科隆日报》写的社论时说："哲学家并不像蘑菇那样是从地里冒出来的，他们是自己时代、自己人民的产物，人民的最美好、最珍贵、最隐蔽的精髓都汇聚在哲学思想里。"[1] 马克思、恩格斯并未明确使用"新时代"概念，但他们的"世界历史"理论包含了新时代理论。从世界历史的现实轨迹中，马克思深刻指出生产力自身的发展及其导致的交往的普遍发展是世界历史形成的根本原因，指出世界市场的形成是世界历史形成的标志，并对世界历史的重要组成部分——世界文化进行了论述。此外，他还尖锐地指出了世界历史发展的不平衡性，这样，我们就获得了马克思的世界历史进程的初步印象。马克思围绕世界历史起始、动因所做的分析，体现了历史唯物主义的基本思想。其中，以科技的实际运用和资本主义大工业为标志的社会生产力的普遍发展是其动力，普遍交往和社会分工的形成是其前提，而世界市场的建立是其依托。而机器大工业的产生、科技的利用、日益扩大的普遍交往及新的分工体系、世界市场的形成等，皆源于资本主义生产方式的矛盾运动。尽管黑格尔的历史哲学已看到人类最终要从各民族的历史走向世界的历史，但他把这一过程看作是"绝对精神""世界理性"运动的结果。而马克思则认为，"历史向世界历史的转变，不是'自我意识'、宇宙精神或者某个形而上学怪影的某种抽象行为，而是纯粹物质的、可以通过经验确定的事实，每一个过着实际生活的、需要吃、喝、穿的个人都可以证明这一事实"[2]。因此，马克思关于世界历史的哲学论述，体现着思维方式的总体水平，反映的是时代精神。

列宁有句名言："不同的社会政治形势会使马克思主义这一学说的各个不同方面分别提到首要地位。"[3] 马克思时代观不仅把启蒙理性所要实现的"自由、平等、爱"的价值理性作为共产主义的目标，而且要求竭力弘

① 《马克思恩格斯选集》第 4 卷，人民出版社 2012 年 9 月第 3 版，第 592 页。
② 《马克思恩格斯选集》第 1 卷，人民出版社 1995 年版，第 89 页。
③ 《列宁选集》第 2 卷，人民出版社 1995 年版，第 279 页。

扬启蒙性所主张的工具理性。马克思认为，市场经济是非理性的，它将导致经济危机，从而使生产力遭到极大破坏。共产主义只有实行计划经济，才能实现对土地、原材料等资源加以科学的管理和极大程度的利用。马克思在《资本论》第3卷中说道："事实上，自由王国只是在由必需和外在目的规定要做的劳动终止的地方才开始；因而按照事物的本性来说，它存在于真正物质生产领域的彼岸。"① 马克思时代观认为，时代性和主体性是有机统一的。在马克思的共产主义那里，时代性和主体性是有机统一的，时代性和主体性都得到了最大程度的发展。马克思和恩格斯在《共产党宣言》中明确指出："代替那存在着阶级和阶级对立的资产阶级旧社会的，将是这样一个联合体，在那里，每个人的自由发展是一切人的自由发展的前提。"②

新时代的出现，凸显了马克思主义世界历史理论的重要地位，使得这一理论再次获得世人关注。在马克思的语境中，"世界历史"除用来指称人类社会总体的历史外，也指人类社会自资本主义工业文明以来形成的一种推动人类社会整体化的社会进程。马克思主义认为，真正的世界历史开始于地理大发现，"随着美洲和通往东印度的航线的发现，交往扩大了，工场手工业和整个生产运动有了巨大的发展。从那里输入的新产品，特别是进入流通的大量金银完全改变了阶级之间的相互关系，并且沉重的打击了封建地主所有者和劳动者；冒险的远征，殖民地的开拓，首先是当时市场已经可能扩大为而且日益扩大为世界市场，——所有这一切产生了历史发展的一个新阶段"③。马克思主义认为在世界史的形成过程中，决定性力量是生产力的不断发展。由于在前资本主义时代，生产力水平不高、交通工具也不发达，使得人类社会还无法突破民族普遍交往的时空界限，人们的活动被限制在一个较小的范围内。但是在大工业的前提下，获得了较大发展的生产力，促进了普遍交往，将世界联成一体。正像马克思、恩格斯在《德意志意识形态》中所阐述的那样："各个相互影响的活动范围在这

---

① 《马克思恩格斯选集》第1卷，人民出版社2012年9月第3版。
② 《马克思恩格斯全集》第1卷，人民出版社1995年6月第2版。
③ 《马克思恩格斯选集》第1卷，人民出版社1995年版6月第2版，第110页。

个发展过程中愈来愈扩大，各民族的原始闭关自守状态，则由于日益完善的生产方式、交往以及因此自发地发展起来的各民族之间的分工而消灭的愈来愈彻底，历史就在愈来愈大程度上成为全世界的历史。"① 马克思还认为，"随着生产方式的改变……人们也就会改变自己的一切社会关系。手推磨产生的是封建主的社会，蒸汽磨产生的是工业资本家的社会。人们按照自己的物质生产率建立相应的社会关系，正是这些人又按照自己的社会关系创造了相应的原理、观念和范畴。所以，这些观念、范畴也同它们所表现的关系一样，不是永恒的。它们是历史的、暂时的产物。生产力的增长、社会关系的破坏、观念的形成都是不断运动的"，任何哲学都是自己时代精神的产物，哲学是人们的基本思维方式。思维方式是一定时代人们的理性认识方式，是关于时代观、世界观、方法论的学说，是时代观、认识论、方法论的统一，学习和领会马克思主义时代观，可以帮助我们深刻理解马克思主义的理论品质。

二、恩格斯的时代理论

恩格斯在《自然辩证法》中说道："我们只能在我们时代的条件下去认识，而且这些条件达到什么程度，我们就认识到什么程度。""每一个时代的理论思维，包括我们这个时代的理论思维，都是一种历史的产物，它在不同的时代具有完全不同的形式，同时具有完全不同的内容。因此，关于思维的科学，也和其他各门科学一样，是一种历史的科学，是关于人的思维的历史发展的科学。这一点对于思维在经验领域中的实际运用也是重要的。因为，首先，思维规律的理论并不像庸人的头脑在想到'逻辑一词时所想象的那样，是一种一劳永逸地完成的永恒真理'。"② 恩格斯在《家庭、私有制和国家的起源》中，接受摩尔根的历史分期法，认为人类社会的发展大体分为三个时代：蒙昧时代、野蛮时代和文明时代。"蒙昧时代是以获取现成的天然产物为主的时期；人工产品主要是用作获取天然产物

---

① 《马克思恩格斯全集》第 3 卷，人民出版社 2002 年版，第 51 页。
② 《马克思恩格斯选集》第 3 卷，人民出版社 2012 年 9 月第 3 版，第 268 页。

的辅助工具。野蛮时代是学会畜牧和农耕的时期，是学会靠人的活动来增加天然产物生产的方法的时期。文明时代是学会对天然产物进一步加工的时期，是真正的工业和艺术的时期。"① 在这里，恩格斯对时代进行分类，主要考虑的是人与自然的关系，人类靠什么工具来获得生活资料，采用的是生产力的标准。在《德意志意识形态》中，马克思、恩格斯从社会分工与生产力发展的角度，专门研究了资本主义时代的发展进程，并把其概括为三个时期。第一个时期是殖民地开拓时期（15 世纪末至 17 世纪初）。这时，资本主义手工工场刚刚出现，资本主义为了进行原始积累，展开激烈的市场竞争，世界市场开始形成。第二个时期是工场手工业时期（17 世纪中叶至 18 世纪末）。这一时期各国发展手工业，市场竞争激烈，甚至采用战争的手段来解决，商业得到迅速发展，殖民制度开始形成。马克思、恩格斯曾说过，"18 世纪是商业的世纪"②。第三个时期是大机器工业时期（18 世纪中后期至 19 世纪中期）。这是资本主义生产方式在欧洲确立的时期，大工业创造了现代交通工具，使竞争更加普遍，世界历史进一步发展，整个世界联成一个整体。"它产生了大工业——把自然力用于工业目的，采用机器生产以及实行最广泛的分工。""大工业创造了交通工具和现代的世界市场，控制了商业，把所有的资本都变成工业资本，从而使流通加速（货币制度得到发展）、资本集中。"③

马克思、恩格斯认为他们所处的资本主义时代，全球联系加强、社会激烈变动、东方从属于西方、世界历史的形成等，是资本主义时代区别于以往时代的不同特征。如他们在《德意志意识形态》中指出，资本主义经济的成长把世界普遍联系起来，社会历史向世界历史的转变，是通过资产阶级的活动才得以实现的，或者说是资产阶级创造了世界历史。马克思和恩格斯在《共产党宣言》中更加详尽地论述了世界历史在资产阶级的活动中的形成过程："不断扩大产品销路的需要，驱使资产阶级奔走于全球各

---

① 《马克思恩格斯选集》第 3 卷，人民出版社 2012 年 9 月第 3 版，第 24 页。
② 《马克思恩格斯选集》第 3 卷，人民出版社 2012 年 9 月第 3 版，第 112 页。
③ 《马克思恩格斯选集》第 3 卷，人民出版社 2012 年 9 月第 3 版，第 113－114 页。

地。它必须到处落户，到处创业，到处建立联系。资产阶级由于开拓了世界市场，使一切地方的生产和消费都成为世界性的了。不管反动派怎样惋惜，资产阶级还是挖掉了工业脚下的民族基础。古老的民族工业被消灭了……过去那种地方的和民族的自给自足和闭关自守状态，被各民族的各方面的互相往来和各方面的互相依赖代替了。"① 他还通过实例来说明这个问题："如果在英国发明了一种机器，它夺走了印度和中国的千千万万工人的饭碗，并引起这些国家的整个生存形式的改变，那么这个发明便成为一个世界历史的事实。"② 资本的经济新时代不断扩大资本主义世界经济体系的地理空间，使得世界上越来越多的国家，不管主动加入还是被动参与，都被纳入这一体系当中。资本主义世界市场促进了工业革命的兴起，反过来，工业革命则使资本主义以"它的商品的低廉价格，摧毁一切万里长城，征服野蛮人最顽强的仇外心理"③。商品成为天生的平等派，资本主义"它迫使一切民族——如果他们不想灭亡的话——采用资产阶级的生产方式；它迫使他们在自己那里推行所谓的文明，即把它变成资产者。一句话，它按照自己的面貌为自己创造出一个世界"④。

马克思、恩格斯看到了工业社会和资产阶级一起推动世界市场超越了欧洲和北大西洋的发源地，朝着全球化的方向不断发展。他们认为，对于广大的殖民地和贫穷落后的国家，资本主义推动的这种经济全球化具有双重使命：一个是破坏的使命，即消灭旧的亚洲式的封建社会；另一个是建设性的使命，即在亚洲为西方式的社会奠定物质基础。"打破了过去那种地方的和民族的自给自足和闭关自守的状态，使未开化的国家从属于文明的国家，使农民的民族从属于资产阶级的民族，使东方从属于西方。"⑤

通过考察资本主义社会，马克思、恩格斯发现资产阶级通过开发世界市场，把生产和消费都统一成世界性的。他们不仅深刻洞见了世界历史与

---

① 《马克思恩格斯选集》第 1 卷，人民出版社 1995 年版，第 276 页。
② 《马克思恩格斯选集》第 1 卷，人民出版社 1995 年版，第 88—89 页。
③ 《马克思恩格斯选集》第 1 卷，人民出版社 1995 年版，第 276 页。
④ 《马克思恩格斯选集》第 1 卷，人民出版社 1995 年版，第 276 页。
⑤ 《马克思恩格斯选集》第 1 卷，人民出版社 1995 年版，第 277 页。

资本主义生产方式之间的内在关系，还对资本扩张予以无情揭露，明确指出资本主义就是一种世界体制，其本质就是实现把全球经济合并成为资本主义经济的最终目标。世界历史进程与资本主义世界体系的建立和扩展的过程是同步的，它是资本主义发展的内在动力，二者是相互促进的。马克思认为，"世界史不是过去一直存在的：作为世界史的历史是结果"①。"美洲的发现，绕过非洲的航行给新兴的资产阶级开辟了新的天地。东印度和中国的市场、美洲的殖民地、对殖民地的贸易、交换手段和一般商品的增加，使商业、航海业和工业空前高涨，因而使正在崩溃的封建社会内部的革命因素迅速发展。"②"世界市场使商业、航海、陆路交通得到巨大的发展。这种发展反过来促进了工业的扩张。同时，随着工业、商业、航海业和铁路的扩展，资产阶级也在同一程度上得到发展，增加自己的资本，把中世纪遗留下来的一切阶级挤到后面去。"③马克思、恩格斯认为资本家是人格化的资本，"资本只有一种生活本能，这就是增殖自身，获取剩余价值，用自己的不变部分即生产资料吮吸尽可能多的剩余劳动。资本是死劳动，它像吸血鬼一样，只有吮吸活劳动才有生命，吮吸的活劳动越多，它的生命就越旺盛"④。

由此可见，全球化虽然是不以人的主观意志为转移的客观历史进程，但无论是其以殖民掠夺为主要方式的血腥历史，还是以资本扩张为主要方式的客观现实，都充分说明这是一种以资本主义为主导的单一推进形态。作为这一形态的发源地和扩张中心，西方资本主义国家一直处于垄断的领导地位。因此，在现代社会中，人们把全球化理解成"西方化""美国化"或"资本主义化"是有深刻历史原因的。这里所讲的全球化，是资本扩张式全球化。作为异化的历史形态，资本扩张式全球化的实质就是资本的全球化，即资本主义的生产方式和基本矛盾向全球的扩张。这一全球化由于从一开始就被资本笼罩了"从头到脚，每个毛孔都滴着血和肮脏的东西"

---

① 《马克思恩格斯选集》第 2 卷，人民出版社 1995 年版，第 112 页。
② 《马克思恩格斯选集》第 1 卷，人民出版社 1995 年版，第 273 页。
③ 《马克思恩格斯选集》第 1 卷，人民出版社 1995 年版，第 273 页。
④ 《马克思恩格斯全集》第 23 卷，人民出版社 1972 年版，第 260 页。

的殖民主义色彩，并随着现代资本主义的发展而穿上了"自由化""现代化"等美丽的外衣，因而使"资本主义化""西方化"和"美国化"顺理成章地具有了合法性和普遍性，压制了全球化的本原功能，即全球化对人类发展和社会进步的积极推动功能的发挥。但是我们应该清醒地看到由于资本主义自身无法克服的固有矛盾，资本主义爆发了一次比一次严重的金融危机，充分暴露了资本主义全球化的弊端。当下全球金融危机的爆发，不仅打破了资本扩张式全球化的神话，而且再次印证了马克思主义理论的永恒价值。

三、新时代是世界历史发展的必然趋势

从文明发展角度看，新时代中国特色社会主义不仅为中华民族伟大复兴奠定了坚实基础，更为人类文明指明了发展方向。世界历史反复证明，西方国家不能克服资本主义制度的固有矛盾和历史局限，西方国家的新变化和新发展只是延缓或者缓和了资本主义的固有矛盾。与此形成鲜明对比的是，中国共产党领导下的中国，坚持马克思主义的指导，坚持走中国特色社会主义发展道路，坚持以共同富裕为发展目标，实行以公有制为主体的混合所有制经济，实行国家宏观调控下的社会主义市场经济，坚持中国共产党领导的多党合作和政治协商制度，不断发展和扩大社会主义民主，不断推进国家治理体系和治理能力现代化，有效解决了社会主义与市场经济结合的世界性难题，有效抑制了资本与市场的固有局限，实现了对资本主义制度的历史性超越。如今，中国站到了新的历史起点上，中国特色社会主义进入了新时代，它不仅为广大发展中国家实现现代化提供了榜样和经验，而且为包括资本主义国家在内的世界各国做了示范。从世界历史的角度出发，马克思认为资本关系在全球扩张的过程，同时也是社会主义在全球范围内形成和发展的过程。随着世界历史的发展，"许许多多人仅仅依靠自己劳动为生——大量的劳力与资本隔绝或甚至连有限地满足自己的需要的可能性都被剥夺，从而由于竞争，他们不再是暂时失去作为有保障的生活来源的工作，他们陷于绝境。这种状况是以世界市场的存在为前提

的。因此，无产阶级只有在世界意义上才能存在"①。马克思指出："大工业却创造了这样一个阶级，这个阶级在所有的民族中都具有同样的利益，在它那里民族独特性已经消灭，这是一个真正同整个旧世界脱离而同时又与之对立的阶级。"② 马克思、恩格斯认为无产阶级没有祖国，在资本的压迫下，无产阶级丧失了任何的民族性，"各国的资产阶级虽然在世界市场上互相冲突和竞争，但总是联合起来并且建立兄弟联盟以反对各国的无产者"。③ 马克思指出，大工业产生的无产阶级只有加强国际普遍交往才能实现工人的国际联合，从而使工人从"狭隘的地域性的个人"成长为"世界历史性的、真正普遍的个人"，无产阶级若不能实现国际性的普遍联合便掌握不了自己的命运，所以马克思、恩格斯在《共产党宣言》中发出了"全世界无产者联合起来"的号召，他们告诫无产阶级，只有解放全人类才能使自己最终获得解放，"单个人才能摆脱种种民族局限，而同整个世界的生产（也同精神生产）发生联系，才能获得利用整个全球的这种全面生产的生产能力"，"每个单个人的解放程度与历史完全转化为世界历史的程度是一致的"④。

马克思认为，在历史向世界历史的转变过程中，伴随着无产阶级和资产阶级两个阶级的矛盾斗争。无产阶级是对资产阶级的否定，代表着未来社会的发展趋势。资本主义虽然开创了世界历史，但它并未终结世界历史，它只是世界历史的较低层次，还不是真正的人类历史，这是因为，资本主义的"世界历史性存在"只能为人的彻底解放逐渐创造出条件，而不会使人得到彻底解放。资本主义是世界历史实现的必要条件，但不是历史向世界历史转变并最终完成的理论上的充要条件。与之不同的是，"共产主义是关于无产阶级解放的学说"，代表了世界历史的发展方向。马克思指出"而共产主义只有作为占统治地位的各民族一下子同时发生的行动，在经验上才是可能的。而这是以生产力的普遍发展和与这些相联系的世界

---

① 《马克思恩格斯选集》第1卷，人民出版社1995年版，第87页。
② 《马克思恩格斯选集》第1卷，人民出版社1995年版，第114—115页。
③ 《马克思恩格斯全集》第4卷，人民出版社1958年版，第409页。
④ 《马克思恩格斯选集》第1卷，人民出版社1995年版，第89页。

交往为前提的"①。地域性的共产主义只有通过全球性的普遍交往才能消灭，而无产阶级作为资本主义社会的掘墓人、实现共产主义历史使命的承担者，也只能在世界范围内的普遍交往中才能产生、成长并获得彻底的解放。另外，马克思、恩格斯又非常深刻地看到了资本主义全球扩张的消极性，认为它迫使一切民族在按照自己的逻辑和形象，面对资本的增殖和贪婪，无奈地接受它所创造出的为资本所奴役的世界，也就是我们所熟知的它使乡村依赖城市，使野蛮和半开化国家依赖于文明国家，使农民的民族依赖于资产阶级的民族，使东方依赖于西方。但马克思、恩格斯认为，资本主义是一个不断突破地域界限向全球扩张的过程，全球化和资本主义发展推动全球性的普遍交往和生产力的高度发展，为实现共产主义和人类的彻底解放奠定了必要的物质基础。中国特色社会主义既坚持了马克思科学社会主义的基本原则，又创造性地发展了马克思科学社会主义，不仅让中国现代化这艘航船沿着社会主义方向行稳致远，让"历史终结论"和"中国崩溃论"彻底破产，而且重新塑造了具有 500 多年历史的社会主义的形象，开辟了社会主义发展新境界——中国特色社会主义道路，既没有简单套用马克思主义经典作家设想的模板，也不是其他国家社会主义实践的再版，而是当代中国创造性运用科学社会主义基本原则形成的创新版，标志着科学社会主义的基本原则在当代中国获得新的实现形式。中国特色社会主义不仅给出了人类实现现代化的新模式，而且是世界历史发展的必然趋势，是人类发展史上最为宏大且独特的实践创新。

第三节　新时代的基本维度及其辨析

以上关于新时代的内涵、特点以及多维性的分析，清楚地表明新时代是一个社会进程，是包含经济、政治、文化、社会、军事等多种维度的过程。根据本研究的需要，笔者着重从经济、政治、文化三个维度对新时代理论做简要分析。

---

① 《德意志意识形态》（单行本），人民出版社 1981 年版，第 86 页。

一、新时代之经济维度辨析

新时代中国特色社会主义的经济既要坚持以中国经济发展问题为中心，立足于新时代中国经济发展实际，又要具有宽广的国际视野和世界情怀，积极主动地参与全球经济治理，构建广泛的利益共同体。第一，新时代中国经济发展实际是新时代中国特色社会主义经济思想的基本依据。一方面，新时代中国经济要坚持以社会主义初级阶段这一最大国情和中国仍是世界上最大发展中国家的国际地位没有变为基本依据，始终坚持以经济建设为中心，坚持把发展作为解决中国所有问题的关键和基础；另一方面，我国经济发展进入新常态，也就是"一是从高速增长转为中高速增长。二是经济结构不断优化升级，第三产业、消费需求逐步成为主体，城乡区域差距逐步缩小，居民收入占比上升，发展成果惠及更广大民众。三是从要素驱动、投资驱动转向创新驱动"①。同时，节能环保力度不断加大，生态建设进一步加强，对外开放水平持续提升等，这些都是新时代中国经济发展的实践基础。理论来源于实践，实践是理论的基础。新时代中国经济既要反映中国经济社会的发展规律，又要以改革开放以来中国社会主义经济建设的历史经验和教训为鉴，确保新时代的中国经济沿着中国特色社会主义方向健康稳健发展。

第二，新时代中国经济的健康快速发展离不开世界经济的发展。要坚持从世界经济的实际出发，关注全球经济治理和广泛的经济利益共同体的构建，要具有宽广的国际视野和全球眼光，适应经济全球化发展趋势，推进全球治理体制改革，优化全球治理体系，增加新兴市场国家和发展中国家的代表性和发言权，共同构建包容联动的全球发展治理格局，增进全人类福祉。同时，要着重强调世界各国利益之间的交融，你中有我、我中有你，一荣俱荣、一损俱损，倡导"奉行互利共赢的开放战略"，发展更高层次的开放型经济。

第三，新时代经济是新时代的核心内容和主要表现。从世界历史的视

① 《习近平在亚太经合组织工商领导人峰会开幕式上的演讲》，2014年11月9日。

野来看，当代的经济全球化是世界范围内的社会生产力和生产关系矛盾运动的必然结果，也是各民族国家的经济活动不断突破地域界限，由国内走向国际，并最终在全球范围内实现社会化的过程。这一过程伴随着科学技术、国际分工、市场经济的发展，同时也是一个资本、人力、技术、服务、信息、资源等突破地城界限、制度樊篱和文化障碍，从而实现全球自由流动和优化配置的过程。从经济全球化的动态发展趋势来看，一体化和市场化是经济全球化发展的基本路径和目标。它是各国经济朝着不断开放、市场化、国际化方向逐步发展的进程，是世界各国经济不断由相互隔离状态转为相互依存状态并向一体化演进的进程，是经济、市场、技术与通信的新时代形态日益显现的过程，是一个新型的国家经济关系形成的过程。

二、新时代之政治维度辨析

新时代政治是新时代的重要维度，它的地位和影响不亚于新时代经济。新时代中国特色社会主义的一个鲜明特征，是全国各族人民团结奋斗、不断创造美好生活、逐步实现全体人民共同富裕。人民当家作主是社会主义民主政治的本质特征。党的十八大以来，中国特色社会主义政治发展道路越走越宽广，人民当家作主的制度保障越来越健全，社会主义民主的优越性更加充分地展示出来。习近平总书记强调，中国共产党领导人民实行人民民主，就是保证和支持人民当家作主。保证和支持人民当家作主不是一句口号，不是一句空话，必须落实到国家政治生活和社会生活之中，必须具体地、现实地体现到党和国家各方面治理活动和工作上来，体现到人民对美好生活的向往和自身利益的实现和发展上来。中国是一个发展中大国，坚持正确的政治发展道路更是关系根本、关系全局的重大问题。习近平总书记指出："中国特色社会主义政治发展道路，是近代以来中国人民长期奋斗历史逻辑、理论逻辑、实践逻辑的必然结果，是坚持党的本质属性、践行党的根本宗旨的必然要求。"中国特色社会主义政治发展道路，有科学的指导思想、严谨的制度安排、明确的价值取向、有效的实现形式和可靠的推动力量。新时代中国特色社会主义政治，必须坚持党的领导、人民当家作主、依法治国有机统一。党的领导是人民当家作主和依法治国的根本保证，人民当家作主是社会主义民主政治的本质特征，依法治国是党领导人民治理国家的基本方式，三者是一个相辅相成的有机整体，统一于我国社会主义民主政治伟大实践。新时代中国特色社会主义政治必须积极稳妥推进政治体制改革。应该看到，我国社会主义民主政治的体制、机制、程序、规范以及运行上还有不完善的地方，必须加以完善。当前政治任务的重点是深化党和国家机构改革，这是关系全局的政治体制改革，是推进国家治理体系和治理能力现代化的一场深刻革命。新时代中国政治发展，必须始终保持政治定力。我们需要借鉴国外政治文明有益成果，但绝不能放弃中国政治制度的根本。因为政治制度不能脱离特定社会政治条件和历史文化传统来抽象评判，不能生搬硬套外国政治制度模式，必须坚持从国情出发，从实际出发，保持政治定力，坚定对中国特色社会主义政治制度的自信，增强走中国特色社会主义政治发展道路的信心和决心。

另外，各国政治的密切相关性，是新时代中国特色社会主义政治的现实基础和重要表现。国家政治历来是政治的主要形式。但在新时代背景下，一国政治的实施脱离不了他国和国际政治的影响。正如有学者所描述的那样："世界某一个地方的政治事件能迅速在世界范围内产生影响。不管在城市还是次国家的地区、空间集中的政治活动，都陷入了政治互动的巨网当中。结果，地方层次的发展——不管是经济的、社会的还是环境的——几乎瞬间都能产生全球性的影响，反之亦然。"① 由于快捷的通信技术，把相距遥远的地域联系起来，使远方的、地域的事件能瞬间在全球范围内产生影响，从而密切了各国政治生活的相关性，使得传统意义上属于一国的内政事务容易受到国际社会的广泛关注甚至介入，同时国际舞台上发生的政治事件反过来同样容易对国内局势造成连锁性影响。另外，在国际政治的交往中，国际组织在协调方面也起到了越来越大的作用。经济全

---

① ［英］戴维·赫尔德，周军华译：《全球盟约：华盛顿共识与社会民主》，社会科学文献出版社 2005 年版。

球化促使人们在社会生活各个层面的联系得以加强，国与国之间的条约、各种国际组织、非政府组织等发挥着越来越大的作用。国际政治生活的相关性，也致使全球治理成为国际政治关系的重要内容，使民族国家如何实施国家治理成为新的课题。

根据以上分析，在新时代进程中，新时代中国特色社会主义政治无疑是新时代进程中不可忽视、无法回避的重要维度。新时代的进程也是各国、各地区政治生活走向全球范围相互关联的社会进程，其发展目标和基本路径是使各国家和地区的政治运行民主化、法治化和社会化。当今世界，国际合作已成为主流，只有整个世界联合起来成为一个整体，具有国际范围的全球性问题才能获得最终解决。

马克思、恩格斯认为资本主义生产方式是世界历史的开始，而社会主义（共产主义）则是世界历史的归宿。但由于历史条件的限制，马克思、恩格斯对世界历史的政治走向还不可能做出具体的阐述。事实上，新时代本身是一个复杂多元的概念，因此，对新时代的认识也是一个需要不断深入认识和解析的过程。所以，对于新时代的探索需要自觉以马克思、恩格斯的时代理论和世界历史理论为指导，从当今新时代的实际出发，全面认识和理解现实的新时代进程，从总体上把握新时代的本质规律和发展趋势。

三、新时代之文化维度理论辨析

同新时代中国特色社会主义政治一样，新时代文化也是新时代进程中的重要组成部分。马克思曾对世界历史中文化发展的可能性和现实性做出过论述，如"过去那种地方的和民族的自给自足和闭关自守的状态，被各民族的各方面的互相往来和各方面的相互依赖所代替了，物质的生产是如此，精神的生产也是如此，各民族的精神产品成了公共的财产，民族的片面性和局限性日益成为不可能，于是由许多种民族的和地方的文学形成了一种世界的文学"①。在《共产党宣言》中，马克思指出西方国家进行的全

① 《马克思恩格斯选集》第 1 卷，人民出版社 1995 年版，第 276 页。

球扩张的实质是资产阶级"按照自己的面貌为自己创造出一个世界"。

文化是一个国家、一个民族的灵魂，文化兴国运兴，文化强民族强，没有高度的文化自信，没有文化的繁荣兴盛，就没有中华民族的伟大复兴。中国特色社会主义进入新时代，中国比历史上任何时期都更接近、更有信心和能力实现中华民族伟大复兴的目标。因此，新时代中国特色社会主义文化要坚定文化自信，增强文化自觉，激发全民族文化创新创造活力，建设社会主义文化强国。发展中国特色社会主义文化，必须坚持马克思主义，牢固树立共产主义远大理想和中国特色社会主义共同理想，培育和践行社会主义核心价值观，不断增强意识形态领域的话语权和主导权，推动中华优秀传统文化创造性转化、创造性发展，继承革命文化，发展社会主义先进文化，不忘本来、吸收外来、面向未来，更好地构筑中国精神、中国价值、中国力量，为人民提供精神指引。

在全球化背景下，由于现代技术的迅猛发展，世界范围内的文化交流获得空前发展，使得世界文明和民族文明、世界文化与民族文化的全球交往成为普遍现象。"新时代中国特色社会主义文化，从世界范围的意义上说，应该是尊重和保持文化个性基础上对人类文化共性的发扬和推广，是在保持差异性前提下的人类文化的相互交流和融合，是文化多样性和文化统一性的双向互动。"① 意味着不同国家、地区和民族的文化超出国家、地区和民族的边界进行交流、碰撞和融合，最后在保持各自特性的基础上，越来越有世界性。意味着全球各文化体系相互开放、相互交流与融合的广度与深度都是前所未有的，因而有了更为广阔的发展空间。它把人们置身于多元化的文化景观中，使人们在相互比较中重新审视本土文化的话语方式、思维模式、审美标准和价值观念，不断吸取异质文化之长来创新和发展本土文化，从而促进多元文化的异彩纷呈。同质的或相近的文化往往易于相互交融，而在异质文化之间则有不同表现，在器物文化等浅层次上往往能够实现取长补短、相互学习和融通，但在信仰、习俗、社会心理、思维方式和价值观念等深层次上则困难重重，甚至截然对立，水火不容。异

---

① 金民卿：《文化新时代与中国大众文化》，人民出版社 2004 年版，序言第 1 页。

质文化的冲突既有可能带来某些文化的消亡，也有可能促进一些文明的进步甚至可能促成新的文明体的形成。相比而言，异质文化的冲突比同质文化的融通更能增添文化的活力。同质文化的交融一般只会促进文化形式的丰富，不会给文化带来质的变化，与之相反，异质文化的冲突不仅可能促进新的形式的出现，还会使不同民族的传统、信仰、习俗、社会心理、思维模式和价值观念发生深刻变化，使冲突各方的文化向新的、更高的阶段发展。

第二章　我国主流意识形态建设概述

意识形态是本书的另一个核心概念，也是一个富有争议的概念。自其诞生到现在，古今中外的思想家、理论家纷纷著书立说，形成了丰富的理论成果。本章从历史的视角和中国语境出发，基于对意识形态概念的界定，深入探讨意识形态的内容和作用、形成与发展、经验与反思，旨在占领意识形态"解释世界"的理论制高点，进而获得"改变世界"的理论前提和逻辑基础。

第一节　内涵与功能：主流意识形态界说

对意识形态的研究，需要对其概念做出深入的考察或清理，否则进一步的讨论便寸步难行。

一、意识形态概念的界定

意识形态既是一个非常复杂的概念，也是一个非常重要、非常敏感的现实问题。"犹如人们在使用'服装'这一概念之前已经穿着某种东西一样，哲学家们在创制出'意识形态'这一概念之前，也已经生活在意识形态之中，并试图用另一些名词来称谓它了。"[①] 根据学界的共识，法国人特拉西（A. D. T）最先提出了意识形态这一概念。特拉西通过对意识形态的讨论，强调人们的思想观念以身体的感觉为基础，思想观念来自感性的经

---

① 俞吾金：《意识形态论》，上海人民出版社 1993 年版，第 18 页。

验过程，而不是天生的。基于这种经验论原则，特拉西反对宗教神学和形而上学的抽象说教，主张用启蒙主义者伸张的理性原则检验思想观念的真伪，并宣扬启蒙主义的价值信念：平等、自由、正义、幸福。

自特拉西之后，许多学者都对意识形态的概念进行了深入研究，并取得了丰富的理论成果，但意识形态获得理论上的重大意义却是始于马克思，马克思、恩格斯对意识形态的思想观点，在西方意识形态的学术研究中是被普遍认同的。马克思不仅用德语表述出意识形态的概念，而且进一步丰富了"意识形态"的内涵。由马克思和恩格斯合著的《德意志意识形态》不仅标志着唯物主义历史观的创立，而且以此为依据对德意志意识形态和唯心主义虚假性进行批判，为意识形态的产生和发展找到了现实基础。马克思主要是在三种意义上使用意识形态这一范畴的。

一是"虚假意识"。在《德意志意识形态》中，马克思把意识形态看作是"虚假意识"，并援用照相机的比喻来说明。马克思认为："迄今为止人们总是为自己造出关于自己本身、关于自己是何物或应当成为何物的种种虚假观念。"[①] 这里所说的"虚假意识"，主要是指德国当时流行的、深受黑格尔思辨唯心主义哲学影响的意识形态，是针对意识形态内容而言的，而不是指意识形态概念本身，因此，致使许多人在马克思意识形态概念与"虚假意识"之间画等号。马克思遵循历史唯物主义的逻辑思路，奠定了意识形态批判的坚实基础。他一方面批判了德意志意识形态抽象性、思辨性和非批判性的特征，另一方面，马克思又强调："意识在任何时候都只能是被意识到了的存在，而人们的存在就是他们的现实生活过程。如果在全部意识形态中，人们和他们的关系就像在照相机中一样是倒立成像的，那么这种现象也是从人们生活的历史过程中产生的，正如物体在视网膜上的倒影是直接从人们生活的生理过程中产生的一样。"[②] 可见，马克思认为，意识形态是人们现实生活和社会关系的反映，是人们社会活动的产

---

① 《德意志意识形态节选本》，人民大学出版社 2003 年版，第 3 页。
② 《马克思恩格斯选集》第 1 卷，人民出版社 1995 年版，第 72 页。

物。即便是虚假的、歪曲的反映，也是来自并受制于一定的社会存在。意识形态作为一种精神现象，是占统治地位的物质关系在观念上的表现。社会存在决定社会意识，意识形态自身没有绝对独立的历史。

二是"观念的上层建筑"。马克思把意识形态看成观念的上层建筑，即统治阶级的思想。马克思在《路易·巴拿马的雾月十八日》中写道："在不同的所有制形式上，在社会生存条件之上，耸立着由各种不同的、表现独特的情感、幻想、思想方式和人生观构成的整个上层建筑。"① 显而易见，马克思这里所说的整个上层建筑包含着意识形态这一基本的社会意识内容。他的"一般意识形态"，就是指统治阶级的思想体系。他指出意识形态同统治阶级的权利和利益是相联系的，"统治阶级的思想在每一个时代都是占统治地位的思想。这就是说，一个阶级是社会上占统治地位的物质力量，同时也是社会上占统治地位的精神力量"②。在马克思看来，虽然以前的剥削阶级的意识形态是以"虚假的意识"为基础的，但它们却客观存在于阶级社会之中，并且发挥为统治阶级服务的作用，这是不以任何人的意志为转移的客观历史事实。就此而言，意识形态又是"真实的意识"，是一种观念的上层建筑。他说："这一名称始终标志着直接从生产和交往中发展起来的社会组织，这种社会组织在一切时代都构成国家的基础以及任何其他的观念的上层建筑的基础。"③ 马克思、恩格斯是从价值信念出发来考察、论述意识形态的，他们对意识形态的批判，不像拿破仑那样，不仅要指责特拉西的意识形态学说是虚假的学说，而且要揭示虚假概念产生的根源，并反抗错误意识形态的统治，是一种包含了建构性的否定，所以仅仅认为马克思的意识形态概念是否定的是不全面的，他们的学说是否定性和建构性的统一。

三是革命的"黏合剂"。马克思提到的革命阶级的思想问题，暗含着

① 倪跃达：《马克思主义意识形态探析》，《文史艺术》，2010年第2期。
② 《马克思恩格斯选集》第1卷，人民出版社1995年版，第98页。
③ 《马克思恩格斯选集》第1卷，人民出版社1995年版，第130—131页。

意识形态是一种阶级意识或"政治学说"的含义，虽然马克思本人并没有这样明确地说明和表示过，但是在他的一些思想和论述中我们可以得出这个结论。因为不掌握一定的物质和精神力量的非统治阶级，尽管他们有着共同的利益诉求和社会心理，但是在通常情况下是一盘散沙，因而不可能统一起来，也不可能有自己阶级的统一意识形态。然而尝试取代旧的统治阶级的新的革命阶级却不一样，因为新的革命阶级必须要有统一的、公开的和明确的意识形态作为旗帜，以普遍性的思想去动员、召唤广大群众作为自己的同盟军，因而他们是有自己的意识形态的，从这个角度来看，意识形态具有"黏合剂"的作用。在革命的阶级取得胜利后，其意识形态也就必然会成为统治阶级的思想体系，但是在革命的过程之中，则始终是作为与统治阶级的意识形态相对立的意识形态存在的。在某种意义上，意识形态是一个政治哲学概念。因而，在马克思那里，意识形态和统治阶级的思想体系不是绝对统一的，而是潜藏着意识形态是某种阶级意识或政治学说的含义。

从马克思对意识形态概念的三个方面的考察情况来看，这三大含义具有一个共同的特点，即意识形态作为社会某一时期的主流意识形态，必须依托于一定的阶级和制度，不能仅仅通过更新观念，还要通过更新观念主导反映的生产方式和生活方式，并向社会各个层面渗透，进而实现支配人们的思想、巩固自身的统治的目标。在我国，学者们在讨论意识形态的问题时，大部分是坚持从历史唯物主义的观点来理解意识形态的概念的。有的学者认为意识形态泛指政治法律思想、伦理道德观念、文学艺术、宗教等意识形式，但也有学者把意识形态理解为社会层面中各种僵化的教条或思想偏见。虽然学者们对意识形态的概念理解上存在很多明显的分歧，但我们还是能够看到其中所包含的共同含义：意识形态是一组相对稳定的价值信念。因为无论从理论或实践的角度去认识，还是从肯定或否定的立场去评价，意识形态的本质都是价值观念，都是关于事物真伪善恶并且可以支配人们思想与行为的原则或信念。这里，笔者非常认同俞吾金给意识形态下的定义："根据我们的看法，马克思的意识形态概念可以定义如下：在阶级社会中，适合一定的经济基础以及竖立在这一基础之上的法律的和政治的上层建筑而形成起来的，代表统治阶级根本利益的情感、表象和观念的总和。"① 意识形态分为广义的意识形态和狭义的意识形态。从广义上讲，我们通常所说的精神文化、观念文化、思想（或观念）、上层建筑等与意识形态是同等概念。从狭义上讲，它是一定社会中特定阶级、集团从自身的利益角度对社会关系认识反映的结果，是以政治信仰为核心的关于社会生活的思想观念体系。意识形态是该阶级和社会集团的政治纲领、行为规范、价值取向和社会理想的思想理论基础。意识形态领域既有主流意识形态，也有异质、残余、新型的意识形态。

二、主流意识形态概念的内涵

意识形态是关于社会生活的思想体系，是一定社会阶级和集团自身利益的需要，对现在的社会关系认识和反映的结果，是该阶级和社会集团的政治纲领、行为规范、社会理想和价值取向的思想理论基础。而主流意识形态是指社会上占主导和支配地位的思想体系，是一定社会占统治地位的阶级、阶层或社会集团基于自身的根本利益对社会关系的自觉反映。实际上，人们关于意识形态问题的争论，在很大程度上是以主流意识形态为标靶的。因此，在奴隶社会，奴隶主阶级的意识形态是社会的主流意识形态；在封建社会，封建地主阶级的意识形态是社会的主流意识形态；在资本主义社会，资产阶级的意识形态是社会的主流意识形态；而在社会主义社会，无产阶级的意识形态或者叫社会主义意识形态是社会的主流意识形态。当前，我国的主流意识形态是以马克思主义为指导的具有中国特色的社会主义意识形态，它科学地阐释了我们党坚持的基本理论、思想观念和价值追求，代表了我国最广大人民群众的根本利益。坚持社会主义的主流

---

① 俞吾金：《意识形态论》，上海人民出版社 1993 年版，第 129 页。

意识形态，就必须坚持马克思主义的指导地位，坚持用马克思主义中国化的最新成果武装全党、教育人民，坚持中国特色社会主义的共同理想，发扬以爱国主义为核心的民族精神和以改革创新为核心的时代精神，培育和弘扬社会主义核心价值体系。

一般来说，主流意识形态是由认知层面、价值层面和策略层面构成的。其中认知层面是主流意识形态的基础层面，是对当前的社会制度、方针及政策所做的合理性的说明和解释，主要是回答"是什么"和"为什么"的问题。主流意识形态，作为社会占主导地位的思想体系，一方面要说明解释先前社会制度的弊端和当下社会制度的优越性，并指明未来社会的发展方向，为社会成员提供解疑释惑、安身立命的思想基础；另一方面要对当前社会中现实问题和矛盾做出解释和说明。尤其是对关系社会成员切身利益的现实问题要做出强有力的解释，以此维护主流意识形态和现行统治的合法性。如我国封建社会用"天命神授"来解释说明历史王朝的更迭和政权的兴废；欧洲中世纪用神解释一切现实生活；资本主义意识形态是以个人主义和英雄史观来解释历史的变迁和社会现状；而社会主义意识形态是以唯物史观来揭示人类社会发展的客观规律，阐明了资本主义灭亡和社会主义胜利的历史必然性，揭示了资本主义自身无法克服的弊端，论证了社会主义的优越性和光明前景等。

主流意识形态的价值层面体现的是当下社会的价值理念、价值规范、价值目标、价值标准，是价值追求的现实和理论的依据，主要回答"应该是什么"的问题。它既要明确地说明社会追求的价值目标应该是什么，社会成员应该遵循什么样的价值规范，进行什么样的价值评价等；又要对社会成员解释清楚为什么这样做的原因，既要解释遵循社会价值规范对社会成员的好处，同时也要指出不遵循社会价值规范的危害。如我国封建社会在"顺天应命"的理念下，推演出了"忠""孝""仁""义""礼""智""信"和"三纲五常"等价值信念；中世纪时，基督教利用原罪说和救赎说等要求人们信仰上帝，接受上帝的支配来进行赎罪；资本主义意识形态从理性人的角度出发，主张自由、平等、博爱等价值信念，宣扬资本主义制度的优越性和普适性；而社会主义意识形态则是从无产阶级和全人类的解放的角度，以每一个人的自由全面发展为目标，说明在社会主义社会中国家、社会和个人发展所要坚持的价值信念。

主流意识形态的策略层面是如何建设主流意识形态的问题，任何政党和阶级都是通过一定的策略进行主流意识形态建设，以获得社会成员的广泛认同。主流意识的认知层面和价值层面，为社会成员确立了远大理想，并解释了追求这些理想和价值对社会和个人的益处之后，就要为社会成员指明实现这一社会理想和个人利益的现实路径，从而使社会成员在实践中有明确的趋附，清楚地知道如何做、何时做，该做什么、不该做什么。主流意识形态的策略层面是制定策略和规划方案，是主流意识形态的操作层面。

三、主流意识形态的社会功能

作为观念的上层建筑，主流意识形态是在一定的经济基础之上产生和发展的政治上层建筑的思想理论基础，其必然要为社会的政治上层建筑和经济基础服务，以维护统治阶级的统治。因此，主流意识形态在维护现存统治秩序中具有重要的功能，在推动社会发展中发挥着不可替代的作用。

首先，主流意识形态为统治秩序提供合法性辩护。作为统治阶级利益代表的话语体系，主流意识形态的主要功能是为占统治地位的阶级提供在经济、政治、文化等方面进行统治的合法性证明。对异己的意识形态和价值观念进行分析和批判，对当下的经济基础和上层建筑进行合理性论证，进而实现从思想到政治等多方面维护和巩固自己的统治地位。"所谓合法性，就是政府基于被民众认可的原则的基础上实施统治的正统性或正当性。"[1]虽然政治的合法性来源很多，但现实证明，意识形态是使外在的强

---

① 燕继荣：《政治学十五讲》，北京大学出版社2004年版，第144页。

制转化为社会成员内心自觉认同的最佳途径。正如诺思所说："成功的政治——经济单位总是与意识形态的发展相联系的，这些意识形态会令人信服地使现有的产权结构和相应的收入分配合法化。"① 这就是说，任何国家的政权及其国家的经济制度、政治制度、文化制度和社会制度合法性及其施政行为的正当性，只有经过主流意识形态系统化的理论论证和说明，才能被社会成员所理解和认同，进而使政权和主流意识形态的合法性地位得以确立和巩固。"主流意识形态的合法性证明，一方面能够使民众确信现行制度是合乎正义的制度，这个制度能够保证全体社会成员的根本利益的实现，另一方面能够使民众确信只有以主流意识形态提出的价值目标和行动指南为指导，才能实现社会主义，实现社会大众的福祉，并认识到采取与群体一致的行为是实现个人利益最大化的最佳途径，从而产生高度的自觉性。"②

其次，主流意识形态为社会发展确立价值导向。主流意识形态"为世人确定意义"③。一个有序、稳定的社会，必然要有一个由主流意识形态所主导的，得到社会成员广泛认同的社会体系，进而使人们能够出于道德感来自觉地遵守当下的社会规则；反之，没有社会成员公认的价值体系，也就没有了要共同遵循的价值规范，各阶层的人们就会依据各自的价值规则各行其是，社会就容易出现动荡与混乱。作为主流意识形态，一方面要代表和反映居于统治地位的阶级、阶层或社会集团的利益和要求，另一方面，又"把自己的利益说成是全社会成员的共同利益"④。为此，在不触碰统治阶级的根本利益的前提下，主流意识形态一般会做出某种程度的让步

---

① ［美］道格拉斯·C. 诺思，陈郁、罗华平等译：《经济史中的结构与变迁》，上海三联书店、上海人民出版社 1994 年版，第 71—72 页。

② 刘明君：《多元文化冲突与主流意识形态建构》，中国社会科学出版社 2008 年版，第 58 页。

③ ［加］克里斯托弗·霍金森：《领导哲学》，云南人民出版社 1987 年版，第 92 页。

④ 《马克思恩格斯选集》第 1 卷，人民出版社 1995 年版，第 100 页。

和妥协，并尽可能地反映社会其他阶级、阶层和集团某种程度的利益需要来换取他们的好感，这样一来，就能使政治领导权的硬性控制转变为文化领导权的软性控制，使被统治阶级自愿服从接受现存的统治秩序。统治阶级在确立了文化领导权之后，主流意识形态所包含的世界观、人生观和价值观就能为社会成员提供价值导向，使他们自觉遵照主流意识形态的价值信念和价值规范。主流意识形态不仅要为社会成员确立价值目标，而且要从理论上论证这些价值目标的现实可行性，并指明实现价值目标的现实路径，为社会成员提供价值导向和行动指南，从而使全体社会成员具有统一的目标和统一的行动。

最后，主流意识形态为社会发展提供黏合剂。从历史上看，主流意识形态作为社会黏合剂，在社会发展进程中发挥着凝聚人心、团结动员的重要作用。如资产阶级革命时期的自由、平等、博爱的思想，中国革命、建设时期的马克思主义指导思想等，这些作为"文化领导权"的意识形态都充分发挥了重要的历史作用。正如葛兰西所说："在保持整个社会集团的意识形态上的统一中，意识形态起到了团结统一的水泥作用。"① 主流意识形态通过理论上的合法性论证和实践上的有效性证明，已成为一种系统的价值体系和理论体系，为社会成员提供了统一的社会理想、价值目标和行为指南，是具有广泛共识的社会精神支柱，它能够发挥社会"水泥"和黏合剂的作用，从而把社会上不同阶级、阶层和集团的成员广泛聚合起来。主流意识形态作为一定社会"唯一合乎理性的有普遍意义的思想"②，可以"通过一定的语言进入人的大脑的"，在潜移默化中内化为人的世界观、人生观和价值观，使人"进入一种意识形态"③，成为社会成员的价值判断标准和行动指南。主流意识形态的黏合剂作用主要体现在两个方面：第一，主流意识形态通过阐述社会的整体利益与社会成员的个体利益之间休戚与

---

① 转引自宋惠昌：《当代意识形态研究》，中共中央党校出版社 1993 年版，第 25 页。
② 《马克思恩格斯选集》第 1 卷，人民出版社 1995 年版，第 100 页。
③ 俞吾金：《意识形态论》，上海人民出版社 1993 年版，第 172 页。

共的关系，使社会成员在广泛认同的基础上团结起来，凝聚为一个有共同价值目标和行动的统一体。第二，主流意识形态通过构建社会发展的宏伟目标，指明实现社会理想的现实路径，为社会成员描绘了宏伟的社会蓝图和美好灿烂的发展前景，激发社会成员向往美好明天的热情，引导和动员广大社会成员为实现社会的共同理想和目标而努力奋斗。

第二节　形成与发展：我国主流意识形态的创立与发展

我国主流意识形态是在革命与建设过程中形成的，其主导地位的确立是历史和中国人民的正确选择。正是由于我国主流意识形态始终坚持以马克思主义为指导，不断保持与时俱进的理论品质，从而在实践的发展变化中不断丰富和完善其理论体系，先后完成了两次历史飞跃，产生了毛泽东思想和中国特色社会主义理论。不断创新的主流意识形态理论为夺取新民主主义革命胜利、顺利实现社会主义改造、推进改革开放和社会主义现代化建设伟大事业提供了不间断的理论指导和精神动力。

一、中国共产党对马克思主义的选择

我国社会经历了漫长的封建社会，自近代以来又经历了鸦片战争、洋务运动、辛亥革命、五四运动等一系列的社会事件与社会变革，接二连三的急剧变革使主流意识形态也随之不断变化，呈现出不同的内容。在我国长期的封建社会中，儒家思想是社会的主流意识形态。自鸦片战争后，儒家思想的主导地位开始受到冲击，洋务派提出了"中学为体、西学为用"的社会价值取向，主流意识形态被迫做出转变。主流意识形态发生渐变的第二个高潮始于"三民主义"的提出，在"三民主义"的指引下辛亥革命推翻了封建帝制，但是"三民主义"并没有救中国于危亡之中。内忧外患促使主流意识形态渐变的第三个高潮迅速到来，以五四新文化运动提出的"民主""科学"为标志，这是继辛亥革命后最能影响国人的一场思想解放

運动，也是一场精神革命。五四新文化运动后，马克思主义在中国大地上迅速传播开来，尤其是"十月革命一声炮响，给我们送来了马克思列宁主义"①，这一理论昭示人们，资本主义制度并非一个神话，一旦无产阶级和其他劳动群众觉醒起来、组织起来，依靠自身的力量创造出维护绝大多数人的利益的崭新的社会制度是完全可能的。十月革命正好发生在中国学习西方走资本主义道路的各种尝试遭到严重的失败、中国的先进分子陷于极度的彷徨和苦闷之时，它确实使中国人看到了民族解放的新希望。

　　马克思主义在中国传播并与中国工人运动结合的一个直接结果就是促成了中国共产党的建立，而中国共产党的建立又为马克思主义在中国的进一步传播、宣传提供了坚实的政治和组织基础。中国共产党一成立，就把马克思列宁主义作为自己的指导思想，并立即着手大力宣传马克思列宁主义，1921年9月即创建了专门宣传马克思主义的出版机构——人民出版社，并开始出版革命导师的著作及其他有关马克思主义理论的书籍。后来，商务印书馆也开始出版马克思等人的著作，中国共产党人如李大钊、瞿秋白、李达等撰写的著作不断问世，许多进步报刊也积极宣传马克思主义。不仅如此，中国共产党在成立初期，还面向工人、农民、青年学生等广大群众，通过开办夜校、自修大学、建立讲习所等途径，积极宣传马克思主义，不断扩大马克思主义的传播范围，使越来越多的人开始认识、了解、认同、接受马克思主义。

　　因此，我国主流意识形态的形成，肇始于中国共产党对马克思主义的选择和认同。正如葛兰西指出："一个社会集团的霸权地位表现在以下两个方面：即'统治'和'智识与道德的领导权'。一个社会集团统治着它往往会'清除'或者甚至以武力来制服的敌对集团，它领导着同类的和结盟的集团。一个集团能够也必须在赢得政权之前开始行使'领导权'（这就是赢得政权的首要条件之一）；当它行使的时候就最终成了统治者，但

① 《毛泽东选集》第4卷，人民出版社1991年版，第1471页。

它即使是牢牢地把握住了政权，也必须继续以往的'领导'。"① 中国共产党自成立之日起就自觉选择和认同了马克思列宁主义，并把它作为自己的行动指南。马克思曾经说过："理论一经掌握群众，也会变成物质力量。理论只要说服人，就能掌握群众；而理论只要彻底，就能说服人。"他还说："理论在一个国家的实现程度，总是决定于理论满足这个国家的需要的程度。"② 这就是说，任何意识形态理论的产生和在实践中的实现，都与人们的需要特别是人民群众的需要有关。中国人民、中国共产党人对马克思主义意识形态的选择和认同就是马克思主义意识形态理论本质与中国社会现实需要相统一的结果。

二、我国主流意识形态主导地位的确立

马克思主义在中国的传播，始于五四新文化运动；我国主流意识形态的形成始于中国共产党一大的召开；而主流意识形态作为国家意识形态的领导地位的确立，则始于中华人民共和国成立之时。

1949 年 9 月召开的第一届中国人民政治协商会议通过的具有临时宪法性质的《共同纲领》明确规定："中华人民共和国为新民主主义即人民民主主义的国家，实行工人阶级领导的、以工农联盟为基础的、团结各民主阶级和国内各民族的人民民主专政，反对帝国主义、封建主义和官僚资本主义，为中国的独立、民主、和平、统一和富强而奋斗。"③ 从《共同纲领》中可以看出，新生的人民共和国是以社会主义为其发展目标的，坚持从当时的实际出发，虽然允许除帝国主义、封建主义、官僚资本主义和殖民地奴化思想外的非马克思主义思想的合法存在，在意识形态上采取一定程度的过渡性和灵活性措施，但从根本上确认了以马克思主义为指导的主

---

① ［意］安东尼奥·葛兰西，曹雷雨、姜丽、张跣译：《狱中札记》，中国社会科学出版社 2000 年版，第 38 页。

② 《马克思恩格斯选集》第 1 卷，人民出版社 1995 年版，第 11 页。

③ 《建国以来重要文献选编》第 1 册，中央文献出版社 1992 年版，第 4 页。

流意识形态的建设方向。正如刘少奇所指出的："在党内，只承认一种思想是合法的，就是无产阶级思想，马克思主义。在党外，非无产阶级、非马列主义的思想，还是合法的，但是要批评，指出它的错误。"①

1949 年 10 月新中国成立，标志着半殖民地半封建的旧中国的结束，同时标志着新民主主义向社会主义转变的开始。为了在全党和全国人民中间普及和宣传马克思主义，确立马克思主义的指导地位，执政后的中国共产党采取了一系列措施，如毛泽东就亲自审定了一个"干部必读书书目"，主要为马列著作，包括马克思、恩格斯、列宁的原著，以及我国研究马克思主义的著作，在延安和解放区大量出版。据统计，截至 1950 年 6 月，仅出版马恩著作就达 300 多万册。新中国成立初期，马克思主义学习运动又在全国范围开展起来。1950 年 12 月，中共中央专门颁发《关于加强理论教育的决定（草案）》，在全国掀起了学习、宣传马克思主义的热潮。随即各级党校在中央和地方相继开办，高校开设马克思主义理论课程，马克思主义理论教学、研究机构纷纷成立，学习马克思主义、毛泽东思想的研讨会、交流会在全国各行业、各单位、各部门举行。1951 年 5 月，中国共产党召开第一次全国宣传会议，会上明确指出："用马列主义的思想原则在全国范围内和全体规模上教育人民，是我们党的一项最基本的政治任务。我们要向社会主义、共产主义前进，首先就要在思想上打底子，用马列主义的立场、观点和方法来教育自己和全国的人民。这就是今天在新形势、新条件下，党的宣传工作的任务。"②

为了确立马克思主义的指导地位，党还在意识形态领域开展了肃清反动思想的斗争。正如刘少奇指出："要肃清帝国主义思想、封建主义思想、批评一切非无产阶级思想，这样才能确立马列主义——工人阶级思想的领

---

① 转引自吴建国等主编：《当代中国意识形态风云录》，警官教育出版社 1993 年版，第 9 页。

② 《刘少奇选集》（下卷），人民出版社 1985 年版，第 82 页。

导权。"① 为此，新中国坚决取缔了各种反动组织和书报书刊的反动宣传，处理了一些受美国资助的文化教育机构和宗教团体，改革了旧的教育制度、教育模式和教育方法，加强了对青少年的思想政治教育，在社会科学和文学艺术领域开展了对错误思想的批判等。同时通过"三反""五反"运动，批判了资产阶级思想，克服了党执政后部分党员干部滋生的资产阶级思想，确立了马克思主义的权威。

由此可见，在从新民主主义向社会主义转变的过渡时期，中国共产党利用无产阶级专政这一强大的国家机器，领导、团结无产阶级和全国各阶层劳动人民，进行经济的、政治的、思想的斗争，最终完成了生产资料所有制的社会主义改造，从而使得社会主义战胜了资本主义，无产阶级战胜了资产阶级，社会主义道路战胜了资本主义道路。社会主义改造和社会主义制度的建立过程不仅是无产阶级专政和生产资料公有制确立的过程，而且也是一场意识形态领域的革命过程，即社会主义意识形态主导地位得以确立及其为全党、全社会普遍认同的过程。

三、我国主流意识形态建设的历程

鉴于我国主流意识形态的领导地位是在新中国成立后真正确立起来的，本书将主流意识形态建设历程分为三个阶段：第一个阶段是新中国成立后至 1978 年改革开放，是主流意识形态曲折发展阶段；第二个阶段是改革开放后到十八大之前，是主流意识形态快速发展阶段。第三阶段是十八大到目前，是主流意识形态健康、快速发展阶段。

我国主流意识形态的主导地位确立后，全党迅速在全国范围内展开了马克思主义的普及化、大众化工作，面向全体人民进行社会主义教育，提出了"百花齐放、百家争鸣"的双百方针，这为党开展主流意识形态建设工作指明了方向。在"鼓足干劲，力争上游，多快好省地建设社会主义"

---

① 《刘少奇选集》（下卷），人民出版社 1985 年版，第 82 页。

伟大号召的鼓舞下，全国人民建设社会主义的热情空前高涨。但是1957年后党内"左"的错误思想不断滋生，包括意识形态工作领域中的"整风运动"和"反右"斗争，导致我党在对阶级斗争的估计判断上发生重大失误，错误地认为社会主义三大改造完成后，仍然采用激进的"大鸣、大放、大字报、大辩论"等政治运动来教育人民群众，造成思想教育过度政治化。"文革"十年，中国经济、政治、文化建设陷入全面瘫痪状态，"作为当代中国主流意识形态核心的马克思主义，被肢解为进行政治斗争的武器碎片"①，"包容性"销声匿迹，"排他性"大行其道，加上受个人崇拜的影响，意识形态领域乱象丛生，黑白颠倒，是非混淆。"宁要社会主义的草，不要资本主义的苗"，到处都是"阶级斗争"和"兴无灭资"；"毛选""语录"取代了思想政治理论教育，甚至一些马克思主义基本理论常识也不被承认，造成意识形态至上、意识形态教条化、意识形态自我封闭等严重后果。

改革开放后，重新确立了马克思主义在意识形态领域的指导地位。首先，在全党全国范围内开展了真理标准大讨论，否定了"两个凡是"，彻底抛弃了长期形成的"以阶级斗争为纲"的方针和"无产阶级专政下继续革命"的理论，"实事求是"的思想路线得到重新确立。其次，通过科学评价毛泽东和毛泽东思想，"四项基本原则"被写入1982年《宪法》，成功实现了意识形态领域的拨乱反正。马克思主义主流意识形态的主导地位重新确立后，主流意识形态建设工作步入了正常轨道，这期间一方面针对资产阶级自由化等各种错误思潮，我党在意识形态领域开展了反对资产阶级自由化的斗争，并明确指出在实现四个现代化、改革开放的过程中，存在社会主义和资本主义两条道路的斗争，必须坚持四项基本原则，坚决抵制资产阶级自由化的侵蚀。另一方面，党和国家领导人对社会主义的认识有了质的飞跃。改革开放至1992年期间，邓小平等国家领导人反复提出要搞

---

① 林尚立：《当代中国政治形态研究》，天津人民出版社2001年版，第263页。

清楚"什么是社会主义"问题。邓小平指出："不解放思想不行，甚至于包括什么叫社会主义这个问题也要解放思想。经济长期处于停滞状态总不能叫社会主义。人民生活长期停滞在很低的水平总不能叫社会主义。"① "社会主义的本质，是解放生产力，发展生产力，消灭阶级，消除两极分化，最终达到共同富裕。"② 这是对马克思主义和毛泽东思想的创新发展，进而丰富了主流意识形态内容。这期间党和国家领导人不断将马克思主义与中国实际结合起来，不断完善和创新主流意识形态，产生了第二次历史飞跃，其理论成果就是形成了包括邓小平理论、"三个代表"重要思想以及科学发展观等重大战略思想的中国特色社会主义理论。中国特色社会主义理论丰富和发展了我国主流意识形态内容。

党的十八大以来，党和国家非常重视主流意识形态建设工作，习近平总书记在全国宣传思想工作会议上强调："经济建设是党的中心工作，意识形态工作是党的一项极端重要的工作。"③ "宣传思想工作一定要把围绕中心、服务大局作为基本职责，胸怀大局、把握大势、着眼大事，找准工作切入点和着力点，做到因势而谋、应势而动、顺势而为。"④ 并指明了宣传思想工作的根本任务，即"巩固马克思主义在意识形态领域的指导地位，巩固全党全国人民团结奋斗的共同思想基础"。⑤ 在党中央和习近平总书记关于意识形态工作战略部署下，我们党在意识形态理论的创新、主流文化思想的宣传与教育工作方面迈出了新步伐，步入了新阶段。主要表现在：第一，提出要继续写好中国特色社会主义这篇大文章。中国特色社会主义，是当代中国发展进步的根本方向，直接关涉意识形态建设举什么旗的重大问题。建设中国特色社会主义，是邓小平确立的伟大事业，以江泽

① 《邓小平文选》第 2 卷，人民出版社 1993 年版，第 312 页。
② 《邓小平文选》第 3 卷，人民出版社 1993 年版，第 373 页。
③ 《习近平在全国宣传思想工作会议上的讲话》，《光明日报》，2013 年 8 月 21 日。
④ 《习近平在全国宣传思想工作会议上的讲话》，《光明日报》，2013 年 8 月 21 日。
⑤ 《习近平在全国宣传思想工作会议上的讲话》，《光明日报》，2013 年 8 月 21 日。

民、胡锦涛为总书记的党中央都在这篇大文章上写下了精彩的篇章。以习近平为总书记的党中央庄严承诺，要继续把这篇大文章写下去，这为我国主流意识形态建设指明了方向。第二，提出实现中华民族伟大复兴的中国梦。作为中华民族伟大复兴的形象表达——中国梦，是新一届中央领导集体的重要指导思想和重要执政理念，是全体中国人民共同奋斗的思想基础和精神家园，也是我国主流意识形态建设的理论成果。实现中国梦为我国现阶段主流意识形态建设明确了主旋律。第三，提出要创造中华文化新的辉煌。文化的兴盛是一个国家和民族强盛的重要支撑，也是我们实现中国梦的精神动力。创造中华文化新的辉煌，要坚守社会主义核心价值体系和核心价值观，把握文化建设的社会主义性质和方向，弘扬主旋律，传播正能量，大力弘扬中华优秀传统文化，继承民族文化的"根"和"魂"，在文化继承与创新中，提高国家的文化软实力，把握好意识形态工作的领导权和话语权。创造中华文化新的辉煌，为我国现阶段主流意识形态建设指明了基本路径。

十八大以来，党的意识形态工作得到了极大的改进和加强，主流意识形态深入人心，一系列错误思潮以及干扰和破坏主流意识形态建设的事件得到处理和纠正，意识形态建设取得历史性成就，这一成绩的取得与习近平关于意识形态工作的重要论述是密不可分的。习近平关于意识形态工作的重要论述明确了新时代进行意识形态领域伟大斗争的方针原则、目的任务，对于牢牢掌握意识形态工作的主导权和话语权、建设具有强大凝聚力和引领力的社会主义意识形态发挥了关键作用。

第三节　经验与反思：我国主流意识形态建设的历史经验

我国主流意识形态建设经历了新民主主义革命、社会主义建设和改革开放时期，认真回顾和反思我国主流意识形态跌宕起伏的发展历程，系统梳理和深刻总结我国主流意识形态建设的基本经验和历史教训，对在新的历史条件下加强主流意识形态建设具有重要现实意义。

一、我国主流意识形态建设的基本经验

新中国成立70年来，我国发生了翻天覆地的变化，但无论是"文化大革命"的混乱局面，还是深化改革带来的快速发展，人们始终没有动摇对党以及主流意识形态的认同，党在主流意识形态建设方面积累了宝贵的历史经验。

第一，不断把马克思主义与中国的具体实际相结合，走自己的道路。新中国的诞生，标志着"中国人民从此站起来了"，终结了中国百年屈辱的近代史，也开启了独立自主实现现代化的新历史。中国共产党和中国人民始终自觉地把马克思主义的基本原理运用于中国的具体实际，吸收借鉴人类文明的一切经验和成果，独立自主地解决中国面临的问题，独立自主地探索和选择自己的发展道路。毛泽东在新中国成立后说："中国这个客观世界，整个地说来，是由中国同志认识的，不是共产国际管中国问题的同志们认识的。"[1] 他还指出："俄国的问题只能由列宁解决，中国的问题只能由中国人解决。"[2] 革命是如此，社会主义建设也是如此。从20世纪50年代中期到70年代，除了与苏联短暂的"蜜月期"，我国一直处于社会主义与资本主义两个体系的对立对抗大背景下，完全或基本上处于没有外援的状态中，还要面对西方国家的禁运和封锁，中国共产党和中国人民把坏事变成好事，不仅顶住了资本主义的疯狂进攻，也经受住了大国沙文主义的考验。自改革开放以来，中国共产党和中国人民适应时代主题的转变，特别是深刻汲取苏联解体的惨痛教训，更加坚定了"走自己的路"的信心，从而开辟了中国特色社会主义道路。正如邓小平所说："中国的事情要按照中国的情况来办，要依靠中国人自己的力量来办。独立自主，自力更生，无论过去、现在和将来，都是我们的立足点。"[3] 改革开放40年的

---

① 《毛泽东文集》第8卷，人民出版社1999年版，第5页。
② 《毛泽东文集》第8卷，人民出版社1999年版，第5页。
③ 《邓小平文选》第3卷，人民出版社1993年版，第3页。

历史、新中国成立 70 年的历史和建党 90 多年的历史，都以无可辩驳的事实证明，把马克思主义基本原理同中国具体实际相结合，走自己的路，这一基本结论是完全正确的。可以说，这其中体现的独立自主思想，不仅是毛泽东思想活的灵魂的一个基本方面，也是中国特色社会主义理论体系和整个中国化马克思主义活的灵魂的一个基本方面，是中国社会主义核心价值观的重要构成要素。这是我国主流意识形态建设积累的最重要、最基本的经验，是我们事业不断取得胜利的根本保证。

第二，坚持主流意识形态的时代性、人民性和实践性。主流意识形态之所以能够为我们的事业和当前的改革开放以及社会发展提供思想基础和精神动力，其中一条宝贵的经验就是主流意识形态建设体现了时代性、人民性和实践性。总体而言，在革命、建设和改革的过程中，中国共产党始终坚持理论联系实际，坚持马克思主义基本原理结合中国革命具体实践、中国改革开放和社会主义现代化建设的现实、世纪之交中国发展的实际、步入新的发展阶段的新特征，在坚持中发展，在发展中坚持，创造性地回答了什么是新民主主义、怎样建设新民主主义，什么是社会主义、怎样建设社会主义，什么是中国特色社会主义、怎样建设中国特色社会主义，建设什么样的党、怎样建设党，实现什么样的发展、怎样发展等重大理论和实际问题，不断赋予当代中国马克思主义鲜明的实践特色、民族特色和时代特色，与时俱进地推动了我国主流意识形态的历史性转变和创造性发展，创立了毛泽东思想、中国特色社会主义理论体系，丰富了马克思主义的理论宝库。坚持以人为本，始终将人民的利益放在第一位，体现了马克思主义人的自由全面发展理论。总之，党在不同时期制定的路线、方针、政策和策略都是从时代发展的需要出发，从现实的中国实际出发，从最广大人民的根本利益出发，并将其与党的制度建设进行较好的结合，更好地将时代性、人民性和实践性寓于中国新民主主义革命和中国特色社会主义的实践之中。新时期、新形势、新要求下，我国主流意识形态建设必须要改变那些不合时宜的观念和方式，努力使主流意识形态符合新时代、信息化、网络化等国际发展趋势的实际，符合和平与发展这一时代主题的实际，符合改革开放的实际，符合我国社会转型的实际，符合人民群众利益需求的实际。坚持人民性的核心问题就是落实党的群众路线，相信群众、依靠群众、为了群众，将宣传思想工作同人民群众的切身利益紧密结合起来，调动他们的积极性、主动性和创造性。在坚持人民性原则的同时要注意人民性与党性的统一，习近平总书记在全国宣传思想工作会议上明确指出："党性和人民性从来都是一致的、统一的。"坚持党性原则是意识形态工作的灵魂和根基，脱离了党性原则就会使意识形态工作迷失方向，必须牢牢坚持党性与人民性相统一，从思想认识上明确党性蕴含着人民性，人民性也体现在党性之中，绝不能将二者简单地割裂和对立起来，这不仅在理论上是行不通的，在实践上也会带来严重危害。

第三，坚持党对意识形态领域的领导。毛泽东指出："掌握思想领导是掌握一切领导的第一位。"[1] 党管意识形态，从根本上讲，就是无论遇到什么问题，都要始终坚持正确的政治原则和政治方向，牢牢巩固党在意识形态领域的主导权。"我们党历来非常重视新闻工作。始终认为，我们国家的报纸、广播、电视等是党、政府和人民的喉舌。"[2] 牢牢把握新闻媒体正确的舆论导向，有利于统一思想凝聚力量，促进和保持人们对于主流意识形态的认同，保证主流意识形态的主导地位。中国共产党自执政以来，始终保持和发扬我党坚持正确的舆论导向这一政治优势，党通过政治领导、思想领导、组织领导实现对意识形态领域的一元化领导。从中央到地方，各级主要报纸杂志和广播电视都由党直接领导，一些专业性的报刊、电台、电视台必须接受党的指导和监督，严禁私人创办新闻媒体，严防非主流意识形态自由泛滥，绝不允许扰乱人们的思想，瓦解对主流意识形态的认同。中国共产党加强意识形态领导的成功实践和戈尔巴乔夫鼓吹多党

---

① 《毛泽东文集》第 2 卷，人民出版社 1993 年版，第 435 页。

② 江泽民：关于党的新闻工作的几个问题，http://news.xinhuanet.com/ziliao/2005—02/21/content＿2600239.htm.

制导致苏共亡党、苏联解体的惨痛现实，这正反两方面的经验教训，有力地证明了党对意识形态一元化领导的正确性和极端重要性。牢牢坚持党对意识形态工作的绝对领导，是确保意识形态工作社会主义性质和方向的关键。在新时代加强和改进意识形态工作，必须牢牢坚持党对意识形态工作的绝对领导。

第四，重视意识形态的宣传教育。为了促进、扩大、巩固主流意识形态的主导地位，中国共产党始终坚持正面教育为主的原则，采取各种措施，开展理论武装工作，让全党和全国人民掌握马克思主义理论、科学社会主义理论、毛泽东思想、中国特色社会主义理论这一强大理论武器。主要通过以下六种途径进行主流意识形态教育：一是通过开展专题整党整风学习活动对全党进行主流意识形态教育；二是通过发挥各级党校和干部学校的理论优势，集中对各级领导干部进行主流意识形态教育；三是通过开展喜闻乐见的群众性运动向全国人民进行主流意识形态教育；四是通过学校对学生进行主流意识形态教育；五是通过部队这所大学校对革命军人进行主流意识形态教育；六是通过新闻媒体特别是新兴媒体广泛开展主流意识形态教育。随着改革开放的深度和广度不断加大，西方的价值观念和生活方式对人们的思想观念、行为方式都产生深刻影响，在互联网等新兴媒体上普遍存在着过度美化和吹捧西方的体制、无限夸大国内的社会问题的错误倾向，严重影响了人们对国家和基本政治制度的认同。2013年8月习近平总书记在全国宣传思想工作会议上指出："坚持团结稳定鼓劲、正面宣传为主，是宣传思想工作必须遵循的重要方针。"强调正面宣传为主就是寄希望于蕴含正能量的人或事迹能够感染更多的人、激励更多的人，通过动人的故事和行动影响人们的思想观念和行为方式，不断增强宣传思想工作的吸引力和凝聚力。针对现实生活中新闻传媒存在的导向性问题，习近平指出："新闻舆论工作各个方面、各个环节都要坚持正确舆论导向。"必须坚持正确的舆论导向，坚持党对新闻媒体的绝对领导，广泛传播具有正向价值的新闻资讯，引导人们客观地看待当代中国和外部世界，传播正能量，鼓舞士气、振奋人心、凝聚共识。因此，越是在困难和问题面前越是要壮大主流思想舆论，广泛宣传能够鼓舞人、激励人的英雄人物和感人事迹，按照正确的舆论导向来指导新闻舆论工作，确保新闻媒体的各种节目都能发挥积极的正能量，真正起到教育和引导广大人民群众的作用。舆论引导工作是意识形态工作的重要内容，要发挥正确的舆论引导功效必须坚持科学性与艺术性的有机统一，充分发挥正面宣传鼓舞人、激励人的作用。面对一些突发的社会热点问题或突发事件，主流媒体要抢先一步及时发声；但在事情的本来面目尚未澄清之前，也不能盲目地"跟风"报道具有较大争议的事件，以免误导广大人民群众。新闻报道切记不要将局部的问题夸大为整体的问题，不要将一个方面、一个点的问题引申成全局的问题。

二、我国主流意识形态建设的历史教训

在社会主义革命、建设和改革开放时期，中国共产党在主流意识形态的建设中，在巩固社会主义意识形态的主导地位、坚持社会主义道路和社会主义基本制度方面做了大量的工作，积累了宝贵的历史经验，也经历过一些失误挫折，甚至犯过严重的"左"的错误，具体有以下几个方面。

第一，意识形态斗争扩大化。新中国成立后，毛泽东一直非常重视意识形态工作，亲自领导意识形态领域的批判、斗争与建设，这对于肃清人们头脑中错误的思想意识是必要的。但是，由于我们党是经过长期残酷的战争快速进入社会主义历史阶段的，对于如何建设社会主义缺乏充分的思想准备和科学认识。因而过去战争时期积累下的阶级斗争经验，使人们在处理社会主义建设时期出现的新矛盾时容易去沿用和照搬，加之对马列著作中某些观点的误解和教条化，使人们把一定范围内存在的阶级斗争仍然看作社会主要矛盾，进而使人们陷入阶级斗争扩大化的迷雾中。本来社会主义制度已经建立，社会主义意识形态的主导地位已经确定，这期间，重视意识形态的斗争胜过了意识形态的建设。其实，意识形态斗争仅仅是意识形态建设的一个内容，并不是也绝不能成为意识形态建设的全部。

第二，对社会主义民主和法治的认识不到位。马克思所设想的未来社会是一个自由人的联合体。民主和法治应是其题中应有之义和前提条件。新中国成立之初，我们党也制定了《中华人民共和国宪法》，并将其视为国家的"根本大法"，认为社会主义民主就是人民当家作主，并力求营造一个有集中又有民主的政治局面。受国际和国内形势影响，1957年开始不久的党内整风迅速转向了反右派斗争，1958年批评"反冒进"和1959年"反右倾"，进一步导致党和国家的民主生活逐渐不正常，生动活泼的政治局面没有出现，取而代之的是"一言堂"、个人崇拜。后来的历史证明，没有在法治轨道上运行的"大鸣、大放、大辩论、大字报"这样的"大民主"，由于缺乏必要的规则和限制，最终事与愿违，走向了自己的对立面，导致了法治被践踏，社会秩序混乱，政治制度残缺。

第三，忽视主流意识形态建设赖以存在的物质基础建设。主流意识形态对社会生产力和社会进步具有积极的能动作用，但作为上层建筑的主流意识形态绝不能脱离特定的物质基础。但是，过去由于我们过分强调意识形态的相对独立性和重要作用，过多地抓意识形态本身的建设，对主流意识形态赖以存在的物质基础建设重视不够，忽视了意识形态的服务功能和作用对象，从而导致了"宁要社会主义的草，不要资本主义的苗"等荒谬言论，大批"唯生产力论"、大割"资本主义尾巴"等错误做法，严重影响了社会主义的物质基础建设，从而阻碍了经济的快速发展和人民生活水平的提高，进而某种程度上影响了人民群众对社会主义的信仰和追求，最终也影响了我国主流意识形态建设。

同样，改革开放以来，我国主流意识形态建设也不是一帆风顺的，在取得了许多成就的同时，也存在一些问题和教训。

第一，思想政治工作的某些方面还不能适应国际国内形势的深刻变化。随着改革的深化，我国社会生活发生了深刻变化，社会主义市场经济深入发展，社会经济成分、组织形式、就业方式、利益关系和分配方式呈现出多样化，这些变化在给社会带来活力的同时，在某些方面也产生了道德失范、诚信缺失、假冒伪劣、坑蒙拐骗，以及封建迷信和黄赌毒等有违社会主义价值观的社会丑恶现象。对外开放的深入发展，对我国社会的发展提供了更加有利的条件，但西方的文化渗透和腐朽生活方式的影响也不容忽视。互联网的快速发展，为人们的学习与娱乐提供了新的渠道，但也给传播有害信息、腐朽文化甚至进行网络欺诈提供了条件。面对社会生活的这种深刻变化，我国主流意识形态的建设面临着严峻的挑战，随着国际国内形势和受众心理的变化，我们的思想政治教育工作，在体制机制、内容形式和方法手段等方面从某种程度上讲还没有及时跟进，还存在与时代发展要求不相适应的方面，影响了思想政治教育的实效性。

第二，文化建设的某些方面还相对滞后，不能适应我国社会的迅速变化与发展。改革开放以来，我党在文化理论创新方面取得了一系列丰硕成果，为文化的繁荣发展做出了突出的贡献，但是我们也必须清醒地看到思想文化建设的某些方面还不能满足我国快速发展的要求，主要表现在精神文明建设不能完全满足社会发展的需求，思想文化对推动经济和社会发展的贡献力比较有限，文化对塑造我国国际形象的影响力还相对较弱，社会主义核心价值观的培育与弘扬还亟待改进等，文化建设的滞后与缓慢影响了我国主流意识形态建设的生命力。

三、我国主流意识形态建设的反思启迪

我国主流意识形态建设中的经验与教训，对于在新形势下建设我国主流意识形态具有重要的启示意义。

第一，科学审视世情、国情和党情，与时俱进地推动马克思主义中国化、时代化、大众化。新中国成立以来，党和国家的历届领导集体始终坚持解放思想、实事求是，坚持把马克思主义普遍原理与中国的具体实际相结合，与时俱进地推进马克思主义中国化、时代化、大众化，从而为社会主义革命、建设和改革开放事业提供了正确的方向指引和持续的理论支撑。马克思主义中国化是一个与时俱进、不断发展的过程，我国主流意识

形态理论便是在马克思主义指导下深化了的中国化的马克思主义理论。马克思主义中国化、时代化的结果，就是先后形成了毛泽东思想、邓小平理论、"三个代表"重要思想、科学发展观和习近平新时代中国特色社会主义思想。而马克思主义理论同人民群众的具体实践活动结合起来，则让科学的理论走向社会实践，成为广大党员和人民群众掌握的强大思想武器，从而实现马克思主义大众化。我国主流意识形态建设的经验与教训已经证明，马克思主义只有真正为人民群众所掌握、所理解并运用，才能转化为强大的物质力量，让"批判的武器"变成"武器的批判"，进而在实践中发挥出其应有的功能与作用。因此，在全新的中国特色社会主义新时代时空条件下，必须在新的起点上推进马克思主义中国化、时代化、大众化，为中国特色社会主义的建设和发展提供正确的立场、观点和方法，不断回答和解决影响当代中国发展的重大理论和现实问题，有效抵御各种错误思潮的侵蚀，确保中国特色社会主义建设始终沿着正确的道路稳步前进。

党的十八大以来，以习近平总书记为核心的党中央高度重视意识形态工作，指出意识形态工作是一项极端重要的工作。习近平关于意识形态工作的重要论述是一个结构完整、逻辑清晰、环环相扣的科学思想理论体系，为指导新时代党的意识形态建设并开展意识形态领域的伟大斗争提供了科学的思想理论依据。从整体上考量习近平关于意识形态工作的重要论述会发现，围绕新时代"为什么要加强意识形态建设工作""意识形态建设要做什么""怎样开展意识形态建设"这三条主线形成了其内在逻辑结构。首先，从战略地位上，系统阐释意识形态工作的极端重要性，指出意识形态六个"事关"，充分论证了意识形态工作的极端重要性，并深刻回答了"为什么要加强意识形态建设"这个逻辑前提；其次，在阐释了意识形态工作重要性的基础上进一步分析了主流意识形态建设的职责使命和重点领域的顶层设计，从内容上明确了意识形态建设的主攻方向和重点所在，指明了意识形态建设的着力点，深刻回答了"主流意识形态建设要建什么"这一核心问题；最后，阐述了主流意识形态建设的原则方针问题、坚持党的领导问题以及具体的建设路径问题，全面系统地回答了新时代"怎样开展意识形态建设"这一根本问题，这三个方面构成了习近平关于意识形态工作的重要论述逻辑清晰的内在结构。习近平关于意识形态工作的重要论述围绕三条主线展开，彰显了从理论经过方法过渡到实践、从思想经过路径过渡到行动的鲜明特点。从整体上分析并把握习近平关于意识形态工作的重要论述的内在结构和鲜明特点，对于深入理解和领会这一重要思想，并以此为指导开展党的意识形态建设，构建具有强大凝聚力和引领力的社会主义意识形态具有重要现实意义。

第二，坚持"两手抓"，一手抓"硬实力"，一手抓"软实力"。我国主流意识形态建设的经验与教训告诉我们，无论是革命时期、建设时期还是改革时期，都要处理好经济建设和意识形态建设的关系。改革开放后一段时期内高度重视经济建设，人们追求物质利益，淡化了意识形态和价值追求，出现了资产阶级自由化思潮，物质主义、金钱至上等错误思潮盛行，社会道德整体下滑，社会成员对政府的信任度迅速下降。历史经验告诉我们，经济工作搞不好要出大问题，意识形态工作搞不好也要出大问题。因此，在集中精力进行经济建设的同时，意识形态工作一刻也不能放松。在当前新时代背景下，改革进入攻坚阶段，一定要一手抓好经济"硬实力"，一手抓好文化"软实力"，妥善处理好二者的关系，经济"硬实力"为夯实文化"软实力"提供物质基础，文化"软实力"为经济"硬实力"提供有利于发展的外部环境，二者相辅相成，互为促进，在任何时期都不能顾此失彼。另外，要围绕理想目标增强主流意识形态的凝聚力和吸引力，在坚持文化自信和创新的统一中强化意识形态的生命力；在与错误思潮的舆论斗争中强化意识形态阵地意识；以弘扬主旋律的方针巩固壮大主流思想舆论；构建对外话语体系，讲好中国故事，提升国际话语权；树立大宣传的工作理念，强化主体责任。

第三，加强党的自身建设，提高党对意识形态的管理能力。党的建设是与主流意识形态建设紧密地联系在一起的，不断加强自身建设，是我们

第二章　我国主流意识形态建设概述

党在长期的革命、建设和改革的实践中得出的一条根本经验。只有不断加强党的思想、组织、作风、制度和反腐倡廉建设才能科学应对全球化、信息化、网络化带来的新挑战和新考验，才能抵御和反对党内消极腐败现象。党对意识形态的管理能力是党执政能力的重要内容，坚持党管意识形态，是党在长期的社会主义建设实践活动中形成的政治制度和政治原则，也是落实党加强自身思想理论建设的根本要求。党的思想理论建设的实际水平直接影响着党的执政能力，影响着党的执政地位。因此，在新的形势下加强党的自身建设，提高党的执政能力，必须改革意识形态管理体制，创新意识形态管理机制，提高党对意识形态的管理能力，牢固确立马克思主义在意识形态领域的指导地位，不断提高主流意识形态认同度。

第四，改进意识形态宣传教育的方式，增强意识形态宣传教育的实效性。我们党始终重视意识形态的宣传教育，并积累了一些好的经验与做法。但是随着经济基础、体制环境、社会条件和传播手段的深刻变化，意识形态宣传教育工作的环境、任务、内容、渠道和对象也都发生了很大变化。新技术手段的广泛应用，改变了人们接受信息的方式、方法和手段，特别是网络、手机等新兴信息传播渠道迅速兴起，在为宣传教育工作提供了新的手段和途径的同时，也向党报、党刊、电台、电视台等传统主流媒体的影响力发出了挑战，传统的宣传教育方式面临空前严峻的考验。近年来，我们充分运用高技术手段，不断拓展宣传思想工作的渠道和空间，大量培训意识形态领导干部，提升他们利用互联网建设意识形态的能力等。但是宣传教育工作仍存在适应性和主动性不够强、针对性不强、方式方法滞后等问题。因此，意识形态教育工作必须适应新形势、把握新变化，解放思想、与时俱进，在继承中创新，在创新中发展，在发展中提高，从而增强针对性、实效性和吸引力、感染力。习近平总书记强调，要"坚持团结稳定鼓劲、正面宣传为主，是宣传思想工作必须遵循的重要方针"，"必须坚持巩固壮大主流思想舆论，弘扬主旋律，传播正能量，激发全社会团结奋进的强大力量"（参见《习近平在全国宣传思想工作会议上强调　胸怀大局把握大势着眼大事　努力把宣传思想工作做得更好》,《人民日报》2013 年 8 月 21 日)。这既是新形势下宣传思想工作必须遵循的重要方针,也是新形势下做好宣传思想工作的实践指南。当然在传播正能量过程中,会遇到一些别有用心的人对我国的意识形态进行攻击,动摇马克思主义的指导地位,这时就需要开展舆论斗争,主动出击,对错误思潮进行批判。正如习近平总书记指出的,"在事关大是大非和政治原则问题上,必须增强主动性、掌握主动权、打好主动仗,帮助干部群众划清是非界限、澄清模糊认识"(参见《习近平在全国宣传思想工作会议上强调　胸怀大局把握大势着眼大事　努力把宣传思想工作做得更好》,《人民日报》2013 年 8 月 21 日)。另外,在总结宣传思想工作宝贵经验的同时,要持之以恒地开展改革创新,在扩大对外宣传和文化交流的同时,正大光明地阐释中国特色社会主义,在强化宣传部门职责的同时,理直气壮地明确各级党委和党委负责同志的政治责任和领导责任。

第三章　新时代与我国主流意识形态建设的关系阐释

新时代作为当今中国的宏观背景，涵盖了经济、政治、文化等多领域。对于越发融入其间的中国社会而言，新时代的发展将给我国社会带来十分深远的影响，其中也包含对主流意识形态的影响。新时代赋予我国主流意识形态建设新的机遇和更宽广的视野，同时也带来了严峻的挑战。新时代的开放本质，决定了新时期我们应以更加开放、更加积极的姿态进行主流意识形态建设。

第一节　意识形态与新时代

中国特色社会主义进入新时代，意味着科学社会主义在 21 世纪的中国焕发出强大生机活力。新时代与意识形态有着密切的关系，一方面新时代渗透着意识形态性，另一方面意识形态对新时代有重要影响。

一、新时代渗透着意识形态性

新时代与意识形态有着密切的关系，它具有明显的意识形态性。由于新时代是社会主义的新时代，而不是别的什么的新时代，始于社会主要矛盾的变化，是人民对美好生活的向往与不平衡、不充分发展之间的矛盾，因此，在十八大结束后与中外记者会面时，习近平总书记就指出人民对美好生活的向往就是我们奋斗的目标。人民立场、人民主体性是新时代一直贯穿着的主旋律。根据马克思主义理论，社会主义历史是世界历史的一部分，资产阶级在推动世界历史的过程中，会以自己所秉持的政治主张、意识形态和价值观念来推动，来"按照自己的面貌为自己创造出一个世界"①，实现资产阶级及其民族国家利益的最大化。随着社会主义运动的兴起，特别是社会主义国家的出现，打破了资本主义一统天下的格局，与此相应，也出现了与资本主义意识形态相对立的社会主义意识形态，出现了两种制度、两种道路和两种意识形态之间的对立、较量甚至斗争。这种斗争随着两种制度实力强弱的变化发生着微妙的变化，同时也使世界历史发展的状态及其深度与广度发生着变化。

如何看待新时代的意识形态性？新时代是一个客观历史过程，它不依特定利益主体和民族国家的主观意志为转移。因此，对新时代的把握，既要看到它的客观的历史必然性，看到它是社会主要矛盾发展的必然趋势，是在经济发展基础上社会生活全方位进行的新的发展方位的过程，同时，也要看到新时代是中国国家和政府有意识、有目的推动的过程，无论哪个阶级、哪个国家在有意识地推动新时代的过程中，都会站在本阶级、本国家的立场，代表本阶级、本国家的利益来推动新时代的过程，其中渗透着或明或暗的价值观念和政治主张，因而，新时代渗透着深厚的意识形态性。我国学者郑永廷也讲道："经济新时代过程不仅是一个经济过程，而且是一个伴随着意识形态运动的政治过程。"② 因此，在新时代的过程中，其意识形态性是一个不能回避的问题。

二、意识形态对新时代的影响

意识形态属于社会意识，就像社会意识来源于社会存在并反作用于社会存在一样，意识形态也具有能动的反作用，在新时代过程中发挥着重要作用。如前所述，新时代具有意识形态性，是一个伴随着意识形态运动的历史过程，究其原因在于意识形态归根到底是反映特定经济基础并为之服务的思想体系，而且具有实践性特征，因此，它必然通过人们的实践活动作用于新时代的进程。

---

① 《马克思恩格斯选集》第 1 卷，人民出版社 1995 年版，第 276 页。
② 郑永廷等：《社会主义意识形态发展研究》，人民出版社 2002 年版，第 179 页。

推动新时代进程的不是抽象的个人，或抽象化的"人类"，是不同的阶层、不同的利益群体、不同的民族和个体。这说明推动新时代的主体是多元的，而非一元的。与此相对应，推动新时代进程的也是主流意识形态与多种社会思潮并存的。这也决定了主流意识形态对新时代进程具有强大的影响力。中国特色社会主义的意识形态始终在新时代过程中发挥着重要作用。根据马克思主义的观点，任何一种社会意识作用于社会历史都会对其产生影响，意识形态对新时代进程的影响也是如此：首先，根据它们在不同历史时期在全球范围的扩张度和影响力的不同，对新时代历史进程的影响的程度也不同，这取决于各种意识形态在力量上的对比；其次，根据意识形态的性质的不同，它们对新时代历史进程的影响性质也是不同的，可能是积极的、促进的、加速的影响，也可能是消极的、阻碍的、减速的影响，这取决于意识形态的价值取向是否符合人类社会的整体发展趋势，是否能够推动新时代朝着平等、互利、共赢的方向发展。

新时代的历史进程虽然受到各种意识形态的影响，但新时代的发展不是某种意识形态所能够单独左右的，而是各种意识形态共同作用的结果。正如恩格斯所指出的那样："历史是这样创造的：最终的结果总是从许多单个的意志的相互冲突中产生出来的，而其中每一个意志，又是由于许多特殊的生活条件，才成为它所成为的那样。这样就有无数互相交错的力量，有无数个力的平行四边形，而由此就产生出一个总的结果，即历史事变，这个结果又可以看作一个作为整体的、不自觉地和不自主地起着作用的力量的产物。"① 由于意识形态对新时代进程有着重要的影响，因此，我们必须重视新时代背景中的主流意识形态建设，使之更好地适应新时代发展的必然趋势，并通过世界性的交往实践将其融入历史的合力之中。

三、新时代进程中的意识形态冲突

新时代是中国特色社会主义的发展进程，当今的世界是开放的，中国特色社会主义新时代必然融入世界发展大的时代背景中，这其中必然充满

---

① 《马克思恩格斯选集》第4卷，人民出版社1995年版，第478—479页。

着意识形态的矛盾与冲突。根据马克思主义理论，资本主导下的世界历史，至少包括以下三个主要矛盾：资本主义各民族国家之间在追求本国利益最大化中的矛盾；资产阶级与无产阶级之间的矛盾，以及在制度追求上的资本主义道路和社会主义道路之间的矛盾；"资产阶级的民族"与"农民的民族"之间的矛盾，在地域上表现为"西方"与"东方"的矛盾，在民族关系上表现为压迫与被压迫的矛盾。这些矛盾相互交织，而且呈现形式多种多样。但在当今时代的发展中，最集中地表现为社会主义和资本主义的矛盾，这种矛盾既体现在制度的选择上，也体现在意识形态的价值取向上。

正如有学者指出的，马克思主义的社会主义的巨大力量和吸引力在于它"要求对与少数人的奢侈和强权形成鲜明对照的多数人所受到的不公正和不平等对待以及遭受剥削的现象，对他们的堕落和苦难进行无情的批判，并做出现实的解释……社会主义理论之所以具有如此大的吸引力，因为它了解了一个不公平的世界的意义"（戈兰·泰尔博恩语）。社会主义不仅要对资本主义社会中的社会矛盾、不公正和不平等进行批判，而且也是改变这种社会不合理性的现实运动，代表着人类解放的未来发展的方向。

当然，意识形态的影响力，不仅在于意识形态本身，还在于支撑这一意识形态的现实力量，即它所具有的"实力"。迄今为止，西方发达资本主义国家在全球化的进程中，始终占据着主导和支配的地位，这种主导和支配来自西方国家所具有的实力。人们通常将实力分为"硬实力"和"软实力"，其中，经济、军事、科技等水平和影响力被视为"硬实力"，而文化、价值观、意识形态等影响力被视为"软实力"，其中，主流意识形态又是一个国家"软实力"的核心。通常，一个国家的"软实力"要以"硬实力"为基础。以美国为首的西方发达国家就是依靠它们的"硬实力"，获得了意识形态上的话语权，因此，以文化霸权表现出来的意识形态性，是西方发达资本主义国家在新时代的重要表现。

与西方资本主义的文化霸权不同，社会主义始终是维护世界和平的力量，在意识形态上主张平等互利，尊重不同民族和国家的文化差异，尊重各国自主选择本国的发展道路，主张在全球化过程中互利共赢，实现世界各国的共同发展，而不将本国的意识形态和发展道路强加于其他国家。这种和平发展、合作共赢的理念，在中国特色社会主义的发展中、在中国的和平崛起中得到日益鲜明的体现，同时与以美国为首的西方霸权主义在意识形态上的矛盾与冲突也日益凸显出来。

第二节　新时代与我国主流意识形态发展的关系

新时代是我国主流意识形态发展和建设的最大背景，新时代与我国主流意识形态发展始终具有互动性，并且随着我国改革开放的深入而越发增强。新时代对我国主流意识形态建设的影响，既有一致性也有矛盾性，既有机遇也有挑战。

一、新时代与我国主流意识形态发展具有高度的互动性

当今世界全球化的迅猛发展，给社会主义的价值复兴和社会主义意识形态实践的拓展带来了新契机，提供了新平台。中国特色社会主义进入新时代，给我国主流意识形态建设带来新的发展契机。

从历史上看，全球化的每一次浪潮都推动着社会主义价值不断张扬和拓展，并为社会主义制度的产生与发展创造了历史机遇。马克思主义就是在 19 世纪 40 年代第一轮全球化浪潮中，西欧资本主义大工业迅速发展和无产阶级成为独立政治力量的条件下产生的，马克思、恩格斯就是在这一历史条件下创建了唯物史观和剩余价值学说，推动社会主义由空想变为科学。19 世纪末 20 世纪初，自由竞争资本主义逐渐向垄断资本主义发展，资本主义各国内部经济、政治发展的不平衡加剧了资本主义的内在矛盾。以此为契机，列宁领导的社会主义革命首先在俄国取得成功。可以说，20 世纪的社会主义事业经历了从科学理论到革命实践，从一国革命胜利到多国革命胜利的辉煌。社会主义制度的横空出世，改变了资本主义垄断新时代过程的局面。

然而在世界历史发展进程中，社会主义的发展并非一帆风顺，发展道路中存在着严重的曲折性。究其原因，就在于社会主义革命并不是马克

思、恩格斯最初所设想的在发达资本主义国家一下子取得胜利，而是首先在经济、文化比较落后的社会主义国家取得胜利。社会主义虽然跨越了资本主义的"卡夫丁峡谷"，但是，在资本主义的重围中又面临如何在经济文化相对落后的条件下创造高于资本主义文明的问题，其中首要任务是发展生产力，可以说社会主义成为现实后，每个社会主义国家都面临着如何建设社会主义的重大现实问题。因此，从列宁在苏维埃政权之初实行新经济政策，到"二战"后社会主义各国纷纷实行改革，都说明了这种探索的艰难，虽然这些探索积累了宝贵的经验，但现实的结果是苏联社会主义模式最终失败。以苏东剧变为标志，社会主义的发展陷入低谷，许多社会主义国家重新回到资本主义。中国特色社会主义是在认真总结 20 世纪世界社会主义实践的经验和教训基础上，并在 20 世纪八九十年代兴起的新一轮新时代浪潮这一特定的历史条件下应运而生的。

首先，中国特色社会主义道路的开辟，是以全球性的视野来看待社会主义发展的结果。在认真总结我国社会主义建设经验教训的基础上，邓小平明确指出，中国的发展离不开世界，闭关自守只能导致落后；而且和平与发展的时代潮流为中国的发展带来了历史性的机遇。正是在这种新的视野和新的判断中，我们党选择了改革开放这一决定中国历史命运的关键策略，并经过 40 年的发展，中国社会发生了历史性的变化。

其次，从意识形态的角度看，中国特色社会主义成功的重要原因就是与时俱进地坚持和发展了社会主义意识形态，在中国特色社会主义理论和实践的创新发展中，正确地处理了以下几个重大关系：中国既毫不动摇地坚持改革开放，将中国社会的发展融入世界历史的发展过程之中，同时又毫不动摇地坚持马克思主义理论的指导与社会主义基本制度，并坚持在新的时代背景和新的实践中推进马克思主义的中国化和时代化，深化对社会主义本质的认识；在不断推进中国特色社会主义发展中，毫不动摇地坚持社会主义的主流意识形态，但也反对僵化教条，以解放思想、实事求是的态度，对社会主义建设与发展面临的各种重大理论与现实问题进行了深入反思，在不断创新中推进主流意识形态的发展；在坚持社会主义意识形态的过程中，反对空谈社会主义，将解放和发展生产力、提高人民生活水平、提高综合国力作为建设社会主义的根本任务，这为提高主流意识形态的影响力奠定了物质基础；此外，中国的改革开放也以更加全面的观点看待社会主义与资本主义的关系，既看到二者的对立性方面，也看到二者的统一性方面，即社会主义社会的发展需要学习资本主义创造的一切有益成果，在学习中也始终坚持拒绝和反对"西化"，不照搬照抄西方模式，不走资本主义道路。

综上，社会主义的发展史充分证明，社会主义不是地域性的，而是世界历史性的存在，社会主义同样要以生产力的普遍发展和世界交往的普遍发展为前提，而社会主义只有置身于全球化的过程之中才能最终实现这一历史过程。正如马克思、恩格斯指出的那样："无产阶级只有在世界历史意义上才能存在，就像共产主义——它的事业——只有作为'世界历史性的'存在才有可能实现一样。"① 一方面，资本主义在推动资本文明的扩散中，也使资本主义的对立面——社会主义及其意识形态得以张扬，并为社会主义制度的产生创造了条件。在社会主义成为现实之后，社会主义也只有在主动融入新时代的过程中，才能在学习资本主义制度的一切肯定成果的基础上促进自身的完善与发展，进而创造出超过资本主义的文明成果；另一方面，新时代的深入发展也为社会主义意识形态的建设注入了新的活力，从而能够使社会主义意识形态适应社会主义经济政治发展的需求，为社会主义发展提供强大的精神动力。

二、新时代与我国主流意识形态发展的一致性

新时代与我国主流意识形态的发展具有高度的互动性和一致性。根据马克思主义的新时代理论，新时代本质上是社会基本矛盾作用的结果，是社会化大生产的必然要求，因此，人类历史向世界历史的转变是不可抗拒的；所以，从历史发展的角度来看，新时代与社会主义及其意识形态的发展具有一致性。对新时代与我国主流意识形态发展关系的认识还不能仅停留在理论层面的逻辑推理论证上，还应该看到，当今世界和平与发展成为

---

① 《马克思恩格斯选集》第1卷，人民出版社1995年版，第87页。

时代发展的主题，我国经济文化社会全面发展，我国国际地位日益提高，我国日益走进世界舞台中央，我国对于世界和地区战略格局的影响力越来越大。新时代与我国主流意识形态发展的一致性具体表现在以下两个方面。

第一，当今时代和平与发展的主题与我国主流意识形态关于构建"和谐世界"的理念高度吻合。在新时代背景下，和平与发展已成为时代发展的主题。早在20世纪80年代邓小平就敏锐地捕捉到当今世界发展的趋势，并科学地判断出"和平"与"发展"已成为世界发展的主题，这为我国主流意识形态建设确立了时代坐标。随着新时代的深入发展，我国主流意识形态将构建持久和平、共同发展的"和谐世界"作为我们奋斗的目标。这是我们党对和平与发展的时代特征、新时代发展的客观趋势以及对我国现实国情的科学判断和理论升华。构建"和谐世界"是我国所一贯主张的和平外交原则在新时代背景下的延伸和发展，体现了我国主流意识形态建设的延续性和创新性。从世界发展趋势来看，和平与发展是世界各国人民的共同愿望，特别是在对两次世界大战的反思中，世界上越来越多的国家和人民认识到和平的珍贵，要和平不要战争，要对话不要对抗，要合作不要对立，已经成为时代的强音。和平发展、共同繁荣是社会主义社会的本质所在，中国特色社会主义的发展是建立在依靠本国人民自力更生、共同努力和与世界各国平等互利基础上的，我们的发展不是建立在牺牲或损害他国利益基础上的。因此，从这一角度来看，新时代进程中的和平与发展主题与我国主流意识形态关于构建"和谐世界"的主张具有高度一致性。

第二，新时代内含的全球性思维与我国主流意识形态倡导建立"人类命运共同体"的要求相吻合。随着全球化的深入、快速的发展，一方面，国与国、人与人之间的时空距离大大压缩了，地球村的特征日益显著，任何国家在应对全球性问题时都不能独善其身；另一方面，随着全球性问题的日益凸显，没有任何一个国家或国家集团能够独立解决新时代带来的问题，因此，这种发展在客观上要求各国具备全球性思维，认识到人类在实现共同利益、应对共同挑战中，必须共同面对、相互依存、协商解决。正是在这种背景下，中国坚持所有国家要以更加开放和包容的心态开展合作，建设"人类命运共同体"。诚如习近平总书记所言："人类只有一个地球，各国共处一个世界。共同发展是持续发展的重要基础，符合各国人民长远利益和根本利益。我们生活在同一个地球村，应该牢固树立命运共同体意识，顺应时代潮流，把握正确方向，坚持同舟共济，推动亚洲和世界发展不断迈上新台阶。"① "人类命运共同体"有着非常明确的本质含义，主张在维护和保障本国安全和利益同时关注他国的合理关切，在实现本国发展中推进各国共同发展。我国主流意识形态关于"人类命运共同体"所蕴含的这一全球价值观，深刻体现了当今新时代过程中全球性思维的要求。

三、新时代与我国主流意识形态发展的矛盾性

在看到新时代与我国主流意识形态发展一致性的同时，也要看到两者的矛盾性。由于新时代中国依然是当今世界中最大的发展中国家，近年来，中国经济的快速发展，已使中国成为仅次于美国的世界第二大经济体，中国在西方不认可的制度安排下的发展，也会引起意识形态上的冲突，从而呈现出新时代与我国主流意识形态发展的矛盾性。

第一，西方主导的全球化的客观现实与我国主流意识形态价值取向存在着矛盾。以美国为首的西方资本主义国家在追求经济、政治利益最大化的同时，也会不遗余力地利用其优势地位推行其意识形态和价值观，这是由资本扩张、资本统治世界的内在逻辑所决定的，其最终目标是实现资本主义全球化。因此，在以美国为首的西方资本主义国家主导的全球化过程中，必然表现出在经济、政治和文化上的霸权主义，对社会主义国家采取遏制、西化、分化与和平演变的战略。而我国主流意识形态是以马克思主义为指导的具有中国特色的思想体系，我们在新时代进程中始终坚持本国发展的社会主义方向，而且坚持与世界各国平等互利的友好交往关系，这与西方资本主义国家的意识形态和价值观是对立的。

① 习近平主席在博鳌亚洲论坛2013年年会上的主旨演讲。

第二，新时代进程中我国的贡献与主流意识形态的作用不平衡。在新时代进程中，中国以负责任的大国身份主动参与世界事务，在维护自身国家安全、发展自己的同时，也积极推进世界的和平与发展。随着中国综合国力的提升，中国在世界舞台上的贡献越来越大，中国的国际影响力也越来越大，由原来处在边缘逐渐步入世界舞台的中央。如果说，在改革开放之初，我们认识到中国的发展离不开世界的话，那么，随着中国的和平崛起，世界也越来越感受到世界的发展离不开中国。然而与之不相协调的是，社会制度、价值观等因素使得一些国家对于中国的发展心存疑虑，特别是西方国家由于先入为主的意识形态偏见，将中国的崛起视为对其的威胁，对我国的主流意识形态持有偏见，甚至持消极否定态度，并以此来抹黑中国，鼓吹"中国威胁论"，致使我国主流意识形态的作用发挥得不够，在世界舞台中的声音较为微弱，这与我国在世界上的地位和贡献是不平衡的。

第三节　新时代给我国主流意识形态建设带来的新机遇与新挑战

　　新时代是一个结构复杂、内容丰富的社会历史进程和发展趋势，是包括经济、政治、文化等内容的新时代。新时代既为我国主流意识形态建设提供了新的机遇，也带来了新的挑战，这不仅表现在经济新时代过程之中，也表现在政治、文化新时代过程之中。

一、新时代经济为我国主流意识形态建设带来的新机遇、新挑战

　　改革开放四十年，我国经济的快速发展为我国主流意识形态的建设提供了坚实的物质基础。主流意识形态建设需要有坚实的物质基础，对于处于社会主义初级阶段的中国更是如此。针对"文革"期间"四人帮"鼓吹的贫穷社会主义，邓小平明确指出贫穷不是社会主义，社会主义必须与富

第三章　新时代与我国主流意识形态建设的关系阐释

089

裕联系在一起才有吸引力、说服力和凝聚力。但如何才能大力发展社会主义生产力，较长一段时间内是各个经济文化相对落后的社会主义国家必须面对的重要问题。邓小平认为，社会主义要具有与资本主义相当的优势，就必须大胆地吸引和借鉴包括资本主义文明在内的一切人类文明成果。正是这种全球性视野和远见卓识，使我们坚持了以市场化为取向的经济体制改革，并主动将我国的经济发展融入全球化进程之中，遵循现代社会化大生产规律，积极采用先进的生产方式、经营方式和管理方式，在与世界经济接轨中充分利用全球经济相互联系、相互依赖的一体化趋势，使得中国经济得以持续高速增长。实践证明，我国的经济发展表现出后发优势，取得令世人瞩目的成就，我国的社会生产力得到了快速发展，综合国力和人民的生活水平有了显著提高。正是这种历史性变化，为我国主流意识形态建设奠定了强大的物质基础，增强了人们对中国特色社会主义的道路自信、制度自信、理论自信和文化自信。

新时代开放的本质，为我国主流意识形态的建设与创新，为确立以改革创新为核心的时代精神，提供了新契机、注入了新活力。封闭导致僵化与保守，而开放带来改革与创新。积极融入经济全球化标志着我国社会成为开放的社会，我国经济能够利用各种资源在全球的加速流动中得到发展，在学习引进先进技术和管理方式中得到发展，中国在互通有无的全球贸易中得到了发展，学会了与世界各国的经济交往。与此同时，也使我们在这种世界性的实践交往中推进了我国主流意识形态的发展，中国共产党正是在"把握时代主题、科技发展潮流以及新时代的趋势，以开放性的视野，提出了符合时代发展的新思想、新观念"。① 仅就经济发展的观念而言，我们打破了"社会主义等于计划经济""资本主义等于市场经济"的教条，摒弃了"以阶级斗争为纲"，确立了"以经济建设为中心"的发展

---

① 陈尚伟：《马克思哲学中的"以人为本"研究——对马克思人本思想的文本解读》，学习出版社 2015 年版，第 14 页。

路线，明确了社会主义也可以实行市场经济，并将社会主义的基本制度与市场经济结合起来；随着我国社会生活的深刻变化，国民的观念意识也发生了巨变，"竞争意识、开放意识、民主意识、法制观念、科学精神、人才观念以及尊重知识、注重效率、务实创新、张扬个性等，都逐渐成为人们所普遍接受和认同的价值观念"。① 这些观念为我国主流意识形态注入了以改革创新为核心的时代精神，成为中国社会发展的强大精神动力。

新时代中国特色社会主义经济的发展不仅给我国主流意识形态带来新的机遇，而且也使我国主流意识形态面临新的挑战。主要表现在：

首先，社会主义国家要创造出比资本主义国家高的社会生产力，必须要参与到经济全球化的进程之中。但同时也要看到，参与经济全球化意味着我国经济已经融入世界经济体系中，与各国之间的经济联系日益紧密，由于资本主义的内在矛盾和全球性的经济协调机制的不健全，我国经济的发展面临受全球性经济危机爆发牵连的风险。此外，在新时代过程中，我们将长期面临"一球两制"的格局，即资本主义制度与社会主义制度长期共存、斗争、合作；在这一过程中，发达资本主义国家占据优势地位、主导经济全球化进程的局面不会在短期内得到改变。因此，在制度安排上，社会主义国家面临国际垄断资本主义一统全球的挑战；在意识形态上，社会主义国家在价值观念和文化建设上也面临着"全盘西化""和平演变"以及"颜色革命"的挑战。一方面，西方发达国家凭借其强大的经济实力，把它们所谓的自由、民主、人权等思想以及西方生活方式、价值观念、政治体制等强加在我国对外生产、对外贸易、对外金融等活动中，对我国社会主义核心价值观念和正处于转型期的生活方式有很强的腐蚀性，这给社会成员的理想信念、道德观念和价值取向造成了迷茫、困惑、混乱，进而削弱了我国主流意识形态的控制力；另一方面，主要发达资本主

---

① 陈尚伟：《马克思哲学中的"以人为本"研究——对马克思人本思想的文本解读》，学习出版社 2015 年版，第 3 页。

义国家视中国崛起为其最大威胁，它们通过利用经济技术优势、操纵国际经济组织、控制国际经济规则等方式，不遗余力地遏制中国的发展，对我国社会主义制度和意识形态进行攻击、诋毁，试图借经济新时代之名行全球资本主义化之实。

其次，新时代进程中我国主流意识形态的自身建设面临着巨大挑战。我国主流意识形态的建设既要立足我国社会发展的现实，也要引领中国社会沿着社会主义的方向发展。当今的世界，依然是以资本、市场为基础的。我国社会融入经济全球化，也是以建立市场经济体制和承认资本的作用为前提的。在全球市场化的过程中，竞争依然是首要法则，资本的逻辑仍然发生作用，它们在创造高效率的同时，也导致财富越来越向少数国家或利益集团集中，导致贫富差距的扩大。这种贫富差距体现在区域或国家之间，就是南北差距和发达国家与落后国家的差距，而在国家内部就是以阶级、阶层体现出来的富人与穷人的差距。在经济全球化的推动下，这种贫富差距仍在拉大。毋庸置疑，在此形势下我国随着经济的快速发展也出现了贫富的急剧分化，出现了不同的利益群体，在社会生活中引发了一些新的矛盾和问题。贫富差距的拉大，使广大人民群众对我国主流意识形态所倡导的共同富裕等价值观产生了质疑，进而削弱了人们对主流意识形态的认同。此外，市场商品经济所具有的物化性质和资本的逐利本性，也使社会的价值观出现了扭曲，"过去为社会主义所拒斥的一些现象在我国已经发生，如社会成员贫富的严重分化，人们思想中的极端利己主义、拜金主义和享乐主义，在经济活动中的假冒伪劣、坑蒙拐骗和网络欺诈等，对自然资源的过度利用和对环境的严重污染，社会生活中的黄赌毒现象，物质生活富裕后的精神匮乏、空虚无聊，以及商品意识的泛化对公共权力的严重腐蚀等"①。历史证明，市场、资本是当今世界经济发展的最有效的方

---

① 陈尚伟：《马克思哲学中的"以人为本"研究——对马克思人本思想的文本解读》，学习出版社 2015 年版，第 265 页。

式，但靠市场、资本不能实现共同富裕、每个人的自由全面发展等这些社会主义的价值目标。因此，利用市场也要驾驭市场，承认资本也要限制资本，使之为社会主义的理想目标服务，这是我国主流意识形态建设所面临的严峻挑战。

最后，随着经济全球化的快速发展，世界各国在政治、经济、文化上的相互影响越来越密切，事关本国长远和眼前利益的"对外宣传"也受到各国的空前重视。世界正变得越来越扁平化，但思维方式的差异、价值观的对立仍然存在，所谓"文明的冲突"并没有因为经济全球化而有减弱迹象。长久以来，不得不遗憾地讲，我们"对外宣传"的概念并未能被人们普遍地正确理解，一些外国民众甚至对它有所曲解。当前我们自己的传播手段、方式和话语体系还没有完全适应国际舆论环境的新挑战，加之当前西强我弱的国际舆论格局，使我们往往有理说不，或者说了传不开，导致我们在"向世界说明中国"的过程中比较被动，常常"被说明""被描述"，甚至被"妖魔化"。在这种情况下，信息如何传递、形象如何塑造、价值如何表达，对于一个正在崛起的国家来说至关重要。如果说过去我们更多的是"多做少说""只做不说"的韬光养晦，那么今天，走向世界舞台中心的中国，如何向国际社会全面客观介绍中国，讲好中国故事，传播好中国声音，增强在国际上的话语权，为实现我国发展目标和发展战略汇聚更多的正能量，成为一个重要课题，也是一个难点问题。

二、新时代政治为我国主流意识形态建设带来的新机遇和新挑战

马克思主义通过对社会主义在本质上是"世界历史性的"存在的分析，表明了新时代有着鲜明的政治维度。在对新时代多维度的理解中，新时代的政治同样为我国主流意识形态的建设带来了新的机遇。主要表现在：

首先，新时代政治为我国主流意识形态建设注入了新活力。如何处理社会主义和资本主义的关系，始终是当代社会主义在新时代背景中求得发展所面临的重大问题。毫无疑问，社会主义和资本主义在社会制度和意识

形态方面存在着本质的区别，但在现实的新时代过程中它们之间也存在着经济、政治和文化上的交往与合作，而且社会主义作为一种新的社会制度，如何对国家、社会进行管理和治理也需要进行探索。在这种背景下处理好社会主义与资本主义的关系就尤为重要。新时代政治是建立在政治主体多元化的基础上的，各国的国情、史情不同，不可能采取完全与他国相同的政治制度和体制，但在政治文明进程中推进民主政治建设、依法治国和遵循国际法处理国际关系等则具有共性。由于历史的和现实的原因，改革开放以来我国的民主建设和法治建设始终是政治文明建设的重中之重，在这一过程中，民主、法治也最终成为我国社会主义核心价值观的重要内容。资本主义政治制度的确立，使人们摆脱了封建专制、等级压迫和人身依附关系，推动了人类社会的进步。而且在资本主义政治制度的历史进程中也积累了丰富的政治统治和社会管理的经验，其中一般规律性的内容我们也可以学习和借鉴。因此，新时代进程中借鉴其他国家治理经验，有利于我国推进政治体制改革，完善政治体制中不适应时代潮流和我国社会发展的方面，推进我国政治体制向着民主化、法治化的方向发展，使管理模式朝着文明化、现代化、科学化的方向发展，进而巩固和完善我国社会主义制度。

其次，新时代政治为我国主流意识形态的传播提供了新平台。在新时代过程中，世界各国所面临的关乎人类生存和发展的共同性问题不断增多，各国的政治交往日益频繁，对话、交流成为对外政治交往的主要方式。中国作为联合国常任理事国，作为一个负责任的社会主义大国，在尊重国家主权和领土完整与国家安全的前提下，积极开展与世界各国的友好往来，国家间高层互访的频率增多，参与国际事务的力度增大，这为我国主流意识形态的传播提供了国际舞台。在建立世界政治新秩序的过程中，我国主流意识形态始终坚持中国走和平发展的道路，秉持世界各国和各民族和平共处、平等交往、和谐相处，主张以平等对话、求同存异的方式处理国际争端，推进国际政治关系的多极化和民主化，实现各国在平等交往中互利共赢、共同发展。中国的这些政治主张不仅为世界的持久和平、各国的共同发展提供了新观念、新思路，而且也在全球政治交往的舞台上彰显了我国主流意识形态的魅力和特色。

随着我国综合国力的提高，新时代政治在给我国主流意识形态建设带来新机遇的同时，也带来了新的挑战。主要表现在：

首先，在"一球两制"的格局中，我国主流意识形态面临长期的挑战。20 世纪初社会主义制度的产生开始改变资本主义主导新时代的单一格局。"二战"后，以美、苏为首的两大阵营使统一的资本主义世界体系被两极对立的格局所取代。但从 20 世纪后半叶开始，随着社会主义阵营的解体，特别是东欧剧变，资本主义制度在全球范围内急剧扩散，导致资本新时代进入一个新的阶段，国际政治格局更加复杂多变。在当今新时代进程中，以美国为首的西方发达资本主义国家依然把持着世界政治格局的话语权，社会主义在相当长的时期内弱于资本主义的局面不会改变，而我国又是世界上最大的社会主义国家，西方社会对我国社会主义制度的攻击、否定、歪曲不会停止，并且它们不断打着民主、人权的旗帜干涉中国的内政，对我国实施"西化""分化"的政治演变战略不会改变。在全球政治相互影响、相互依存的条件下，一方面我们要通过民主化、法治化的途径实现我国政治体制的改革，实现国家治理体系和治理能力的现代化，另一方面我们也要警惕和拒绝西方将其民主模式和人权理论强加于我，而达到其"西化""分化"的目的。因此，如何在既学习借鉴西方政治文明的成果，又抵制西方以民主、人权为借口的干涉，将是我国意识形态长期面临的挑战。

其次，随着我国国际地位的大幅提升，中国在意识形态维度上应对全球政治的必要性和重要性日益凸显。20 世纪 90 年代初，邓小平针对当时的国际形势和我国国情，曾指出"千万不要当头"，但也"要有所作为"[1]，积极推动建立国际政治经济新秩序，并认为社会主义的优越性要随着我国综合国力达到世界前列才能真正体现出来。40 年的改革与发展印证了邓小

---

[1] 《邓小平文选》第 3 卷，人民出版社 1993 年版，第 363—364 页。

平的观点，中国的综合国力已大幅提高，成为世界第二大经济体，中国道路的成就有目共睹，对世界产生了巨大的震撼。与此同时，中国道路也成为世界性的热门话题，其中，赞扬者有之，反对者亦有之，歪曲者有之，怀疑者亦有之。中国道路为何会引起如此之多的争议、歪曲和误判呢？究其缘由在于："中国以西方不认可的模式迅速崛起，给世界带来了相当的震撼。"① 一方面，中国的崛起是一个举世公认的事实；另一方面，中国的崛起又是在西方不认可的社会主义制度和道路中实现的。因此，中国的发展引起西方国家的不安，它们甚至采取遏制的办法来阻止中国的发展，以诋毁的方式来削弱中国的国际影响力。美国重返亚太的战略再平衡，邻国日本的右倾化，以及国际上不断制造"中国威胁论"来妖魔化中国，又不断制造"中国崩溃论"来唱衰中国的各种论调此起彼伏，这些既是对中国崛起的不安，也是在政治上力图遏制中国的反应。因此，随着我国实力的提升，在与西方资本主义国家的深度交往中，如何处理好既合作又斗争、既有共同利益也有明显分歧的复杂关系，也将是我国主流意识形态面临的挑战。

三、新时代文化为我国主流意识形态建设带来的新机遇和新挑战

马克思、恩格斯指出："资产阶级，由于开拓了世界市场，使一切国家的生产和消费都成为世界性的了。……物质的生产是如此，精神的生产也是如此。"② 新时代的意识形态性和精神生产的世界性，使经济、政治的新时代也必然导致文化的新时代。在新时代进程中，一方面世界各国的文化相互交流、相互影响，精神生产及其消费相互依赖、相互渗透，另一方面，世界各国的本土文化以及本土文化与世界文化之间的联系更加紧密，各国本土文化的差异以及本土文化与世界文化之间的差异又会引起文化碰撞和文化冲突，这将为我国主流意识形态建设带来新的机遇和挑战。文化

---

① 张维为：《中国震撼——一个"文明型国家"的崛起》，世纪出版集团、上海人民出版社 2011 年版，第 1 页。

② 《马克思恩格斯选集》第 1 卷，人民出版社 1995 年版，第 276 页。

新时代为我国主流意识形态建设带来的新机遇主要有以下两个方面：

第一，新时代文化为我国主流意识形态的建设提供了更为丰富的思想资源。在新时代进程中，各民族国家的文化体系相互开放、相互交流与融合的广度和深度都是前所未有的，它使人们置身于多元化的文化景观中，使人们在相互比较中重新审视本土文化的话语方式、思维模式、审美标准和价值观念，不断吸取异质文化之长来创新和发展本土文化。同时，全球化也促进了不同制度规范和文化价值的广泛交流，有助于形成相互尊重、相互理解和相互包容的文化氛围。因此，在新时代进程中，我国主流意识形态可以吸收借鉴多元文化价值中的有益成果和合理因素，不断升华社会主义意识形态的内涵和价值。

第二，新时代文化为我国主流意识形态的发展提供了更为广阔的发展空间。多元文化之间的交流互鉴，是促进文化繁荣与发展的重要条件。全球化促进了世界各国、各民族之间的文化交流，也为我国主流意识形态的发展提供了新的更为广阔的发展空间。过去西方资本主义国家不仅对我国进行经济封锁，而且还对我国主流意识形态进行歪曲、丑化，在世界范围内公开封杀社会主义意识形态。当今的新时代，在多元文化冲突、多种意识形态的交锋中，我们可以充分利用全球化的平台，将主流意识形态的思想和价值观传播到世界各地，进而不断拓展我国主流意识形态的国际影响力。

同样，新时代在给我国主流意识形态建设带来新机遇的同时，也使意识形态的建设面临着如下的挑战：

第一，新时代文化使我国面临主流意识形态安全的挑战。文化的发展具有相对的独立性，但文化发展不可能独立于经济、政治的发展之外，而是在很大程度上受制于国家经济、政治的发展。在新时代进程中，以美国为首的西方发达资本主义国家，凭借其雄厚的经济、技术上的地位和优势，向其他国家强力输出其制度文化和价值观念，有目的地进行文化渗透和文化扩张。这种文化霸权主义，通过文化渗透和扩张将西方的文化价值、制度规范以及生活方式，以各种方式在全球范围内强行推广，企图让全世界接受其话语体系。这种文化上的"西方中心论",只承认西方发展道路与发展模式的合法性,而对世界各国的其他发展道路与发展模式极力否定甚至横加干涉,极大破坏着世界文化的多样性和世界各国之间的平等交往。西方国家将文化作为最强有力的手段和工具对我国实行西化、分化,这已给我国主流意识形态安全带来了严重威胁。

第二,新时代文化使我国面临主流意识形态认同的挑战。全球化是各民族文化不断突破各自的地域界限和模式的局限性而走向世界的过程,在这一过程中,文化的多元性、多样性是基本事实,也是文化发展的必然趋势。从世界范围看,这种文化的多元性、多样性在促进文化交流的同时,也表现为不同民族、国家和地区之间的、以宗教和文化传统为根基的文化冲突,体现着世界观、人生观、价值观等精神层面的差异,比意识形态对立有着更深刻、更重要、更宽泛的内涵。此外,改革开放以来,随着我国主动融入全球化进程以及体制的转型,文化的多元性存在也成为客观事实,在我国的文化格局中,主流文化与非主流文化,思想的一元指导与文化的多元存在,是我国主流意识形态建设面临的基本矛盾。如何化解国际、国内多元文化的冲突,如何发挥好我国社会主义先进文化的引领功能,化解多元化社会思潮对我国主流意识形态认同带来的负面影响,将是我国主流意识形态建设面临的长期挑战。

第三,新时代文化使我国主流意识形态的自主性、民族性面临挑战。民族认同、国家认同是主流意识形态认同的基础,因此,我国主流意识形态的建设要坚持文化的自主性、民族性。文化认同是由共同的宗教信仰、历史经验、语言、民族血统、地理、经济环境等因素共同促成的,其特性比起政治、经济结构更不容易改变。在当今西方主导的文化交流中,文化认同危机逐渐显露出来,西方国家将人类共同追求的民主、人权等西方化,然后打着"普世价值"的旗号在世界范围内推广,剥夺了各国人民自主选择自己发展道路的权利;在文化发展进程中,西方文化尤其是美国文化,又将其文化价值和生活方式以文化产品的方式在世界范围内进行渗透,将牛仔裤、可口可乐、肥皂剧、好莱坞电影等带到世界的每一个角落，这不仅为它们带来了丰厚的物质利益，也为其文化价值的传播起到了"润物细无声"的作用。在这种形势下，不少国家和地区的主流意识形态受到冲击，这些国家和地区也遭受文化属性危机，使它们难以坚持和确定它们的民族、国家和文化属性。

第四，新时代思想文化大激荡背景下，意识形态工作主导权面临严峻挑战。各种思想文化交流交融交锋始终伴随着实现中华民族伟大复兴中国梦的现实发展进程。凭借着"文化霸权"和舆论优势，美国等西方国家加紧对我实施以所谓"普世价值"为核心的意识形态渗透，以颠覆我国民众的价值观念和精神信仰，企图从思想文化上完全支配我们。与此同时，思想文化激荡既有增添社会活力的一面，也有销蚀人们精神家园的一面，利益的分化带来人们价值观念的多元、多样、多变，使主流意识形态有效引领社会思潮的难度大大增加。当前，各种文化相互激荡、多种思潮风起云涌，新自由主义、普世价值论、民主社会主义、历史虚无主义等错误思潮接连登场，妄图挑战马克思主义指导地位，攻击否定党的领导和我国的政治制度及发展道路，意识形态领域多元思想文化相互交流、交融、交锋已成为一种客观存在，主流意识形态与多样化社会思潮将长期并存。在这种复杂的形势下，如何牢牢把握意识形态的主导权，实现"两个巩固"的根本任务，成为意识形态领域的一个重要和紧迫的课题。

第五，新时代背景下，新媒体传播对主流意识形态提出新挑战。网络时代，"互联网已经成为舆论斗争的主战场"。首先，新媒体传播对传统意识形态工作机制提出崭新挑战。当下，新媒体传播对舆论引导提出的新挑战主要有两个：一是新媒体迅速发展导致的舆论形成和扩散机理新演变；二是中国社会转型带来的舆论环境的复杂性。新媒体对持传统宣传模式思维的人来说则一件可怕的事情，它改变了许多旧的规则，而且用一种与过去的宣传话语完全决裂的话语体系传播信息。这种"所有人对所有人的传播"，使以"宣传嵌入社会"为主要特征的传统意识形态工作模式与新的媒介格局和舆论生态之间已经出现了"脱嵌"现象。其次，互联网成为思想文化信息的集散地和社会舆论的放大镜。各种思想舆论在网上相互叠加，两个舆论场相互作用、相互激荡，使得有效控制负面舆论影响的难度明显加大。当下，互联网意识形态话语权的争夺已经呈现出从"阵地争夺"到"话题争夺"、从"自在"状态到"自为"状态、从"完事叙事"到"碎片传播"的新特点、新趋势，我们面临的挑战更加激烈。最后，国家网络安全问题非常突出。"没有网络安全就没有国家安全"①，美国未来学家阿尔文·托夫勒曾判断："谁掌握了信息，控制了网络，谁就将拥有整个世界。"从美国"棱镜"和"X关键分"监控计划的曝光来看，美国政府在互联网上的活动能量远远超过世人想象，美国政府的网络数据分析能力甚至能达到"当你敲击键盘，他们就知道你想干什么"的程度。"网络无国界""网络自由"和"网络非军事化"等美国在全球推动的"互联网普世价值观"，无非只是掩盖其网络秘密监控和操纵的遮羞布。由此看来，互联网是把"双刃剑"，在网络意识形态领域复杂斗争的形势下，如何采取切实措施"让网络空间日益清朗起来"，成为意识形态工作必须面对的一个焦点问题。

总之，新时代背景下，意识形态领域"正在进行具有许多新的历史特点的伟大斗争"。意识形态领域的斗争也呈现出许多新情况、新问题、新特点。正确分析与认识这些新情况、新问题、新特点，是科学建设主流意识形态的基本前提和着眼点。

---

① 《习近平新时代中国特色社会主义思想三十讲》，学习出版社，2018年5月，第259页。

第四章 新时代背景下我国主流意识形态建设的基本目标、基本原则和基本要求

"不谋全局者不足以谋一域，不谋万世者不足以谋一时。"① 新时代背景下的我国主流意识形态建设是一项系统的复杂工程，必须在历史的、全球的和未来的视野中，紧扣现阶段建设的着力点，把握主流意识形态建设的基本目标；必须在正确认识和把握基本矛盾关系中，坚持主流意识形态建设的基本原则；必须把握建设的现实基础、价值取向和必然要求，明确主流意识形态建设的基本要求。

第一节 新时代背景下我国主流意识形态建设的基本目标

任何主流意识形态建设都需要确立基本目标，并通过宣传教育，使之内化为全体社会成员的价值观念和行为规范。我国主流意识形态建设的目标，就是要通过民众对意识形态价值理念的有效认同，在全社会形成一种共同的理想信念，并成为人们的行为指南，从而巩固党执政的思想基础。

一、巩固马克思主义在意识形态中的指导地位

作为我国主流意识形态的理论基础，马克思主义为无产阶级革命提供了理论基础和总体纲领，深刻地揭示了人类社会发展的基本规律和未来的发展方向，提供了人们观察新事物、研究新问题的行动指南以及科学的思想方法和工作方法。因此，马克思主义不仅能够成为无产阶级获得解放的思想武器，同样也能成为被压迫民族获得解放的最有力的思想武器。正是

---

① ［清］陈澹然《寱言二·迁都建藩议》。

以马克思主义为指导，苏联社会主义国家才能建立起来，从而打破了资本主义的一统天下，完成了社会主义从理论到现实的飞跃，并促成了社会主义从一国到多国的胜利。当然，由于多种原因，社会主义在东欧剧变时期遭受到了打击与挫折。而中国特色社会主义道路也并非一帆风顺，一时间"马克思主义过时了"甚嚣尘上。世界社会主义运动的兴起发展，尤其是中国特色社会主义道路乘风破浪、勇往直前，马克思主义非但没有像某些预言家所预言的那样发展，而是相反，它虽然历经磨难，但却得到了新生。可以说，马克思主义从诞生以来，就遭受了无数次的攻击和责难，也多次被宣布为"过时"和"失灵"。实际上，马克思主义一直随时代发展而不断丰富发展。只要世界上还存在资本主义制度，还存在剥削、压迫和不公正，马克思主义就不会过时。晚期马克思主义者凯尔纳曾旗帜鲜明地表明自己的立场："同那些宣称马克思主义在现时代已经逐渐过时的人相反，我认为马克思主义仍然为解放资本主义社会的当代发展提供理论来源，并且包含着仍然能够帮助我们争取改造当代资本主义的政治来源。因此，我认为，马克思主义仍然具有对现时代进行理论概括和批判现时代的资源，马克思主义政治学至少仍然是当代进步的或激进的政治学的一部分。"① 在他看来，只要资本主义存在，马克思主义就是和我们直接相关的，它依然能够适应于今日社会理论和激进政治的重要的社会研究方法和一系列理论视角、概念和价值。马克思主义作为前进的新路标，引领我国社会主义道路向前发展。

作为中国革命、建设和改革的指导思想，马克思主义是历史和人民的选择。马克思主义的合法性地位是在历史的荡涤中被确立起来的。换句话说，马克思主义是中国人民在与各种意识形态的对话、冲突与互动的过程中，在经历一系列失败的尝试之后做出的选择，它在最大程度上适应和迎合了中国社会发展的现实需要。毛泽东等人也是在对各种学说、主义反复

---

① ［美］美道格拉斯·凯尔纳：《正统马克思主义的终结》，俞可平主编：《全球化时代的"马克思主义"：九十年代国外马克思主义新论选编》，中央编译出版社 1998 年版，第 27 页。

比较后，最终被马克思主义的真理性和实践特性所折服而接受马克思主义的。马克思主义经典理论指引中国的革命通过新民主主义革命夺取了政权，继而再通过大规模的社会主义革命，最终确立了社会主义制度。新中国成立后，马克思主义依然是我们建设社会主义制度的行动指南，数次的社会主义建设实践都一再证明，正是在马克思主义实践唯物主义价值观的指引下，我们成功地跨越了理想主义的障碍、走出了教条主义的误区，最终开拓并发展了中国特色社会主义道路。当和平与发展成为世界主流，中国人要改变贫穷落后的面貌，改变不适应生产力发展的生产关系时，对什么是社会主义、怎样建设社会主义就成为中国人创造性地运用和发展马克思主义的契机。但无论时代如何变化，马克思主义早已不再是一个远离中国的德国人创造的外来思想体系，而是我国进行成功的社会主义革命和社会主义建设的纲领性的指导原则。正如毛泽东所指出的："马克思列宁主义来到中国之后之所以发生这样大的作用，是因为中国的社会条件有了这种需要，是因为同中国人民革命的实践发生了联系，是因为被中国人民所掌握了。"[①] 中国社会发展的实践已充分证明，在实践中坚持并不断发展马克思主义我们就会走向胜利；如果背离它或者把马克思主义作为僵化的教条，我们就会遭遇挫折。由此可见，将马克思主义作为指导中国革命和中国建设的核心思想，这是历史和人民的选择。这种由历史的逻辑所颠扑不破的延续显然为中国建立社会主义制度、为中国共产党成为执政党提供了合法性依据。

在新的形势下，坚持与巩固马克思主义在主流意识形态领域的指导地位也是意识形态斗争的现实需要。任何国家占统治地位的意识形态都是统治阶级的意识形态，只要世界上还存在不同的阶级和社会制度，意识形态及其相互之间的冲突就不会消失。从历史上看，以马克思主义为指导的社会主义意识形态不论是过去还是现在，与资本主义意识形态的斗争是长期而艰巨的，阶级利益及其代表的国家利益的冲突永远是矛盾冲突的主题。

---

① 《毛泽东选集》第4卷，人民出版社1991年版，第1515页。

在冷战时期，以美国为首的西方发达国家推行的意识形态扩张战略，就是引起苏联解体和东欧剧变的主要原因之一。美苏争霸结束后，在意识形态领域，社会主义与资本主义的斗争并不是如西方某些理论家鼓吹的那样已经终结，相反，意识形态领域的斗争更复杂多样，而且隐蔽性、欺骗性更强。因此，在新形势下，认清和强调意识形态领域的斗争是长期的、复杂的，这关乎国家政权的巩固，关乎社会主义经济建设的成败，关乎社会文化安全和社会稳定。在国际局势深刻变化和国内改革不断深入的过程中，西方敌对势力对我国实施西化、分化的战略图谋没有改变，各种反马克思主义思潮的影响不会减弱，资产阶级腐朽思想、封建主义残余思想的侵蚀也并未根除。所以，只有坚持马克思主义理论的指导地位，社会主义改革和发展的道路才能正确，抵制和澄清对马克思主义理论和实践认识的错误思想才有思想武器，巩固中国共产党的执政地位才有思想基础和理论基础，也才能保证中国在复杂的国际意识形态斗争中避免重蹈苏联、东欧剧变的历史。构筑我国主流意识形态的权威话语体系始终要坚持马克思主义的指导地位。"马克思主义之所以能够真正成为挑战资本主义意识形态的精神力量，就在于它在立足于揭示资本主义内在矛盾的同时，形成了可以指导改变世界的实践活动的思想体系和话语体系。它能有效地解释广大人民所关注的几乎所有重大问题，使不同阶层的人都能从中获得历史的方向感。"① 中国特色社会主义理论是在新的时代背景和中国社会新的实践中，对马克思列宁主义、毛泽东思想的继承与发展，是马克思主义中国化的最新成果，是当代的马克思主义。它凝结了几代中国共产党人带领全体人民不断坚持探索与实践的心血和智慧，是中国共产党最为宝贵的政治和精神财富，更是全国各族人民团结奋斗的共同思想基础。

二、夯实中国特色社会主义道路的思想基础

共同的思想基础，对于一个政党、一个国家、一个民族的生存发展来

---

① 侯惠勤：《马克思的意识形态批判与当代中国》，中国社会科学出版社 2010 年版，第 629 页。

说，是至关重要的。没有共同的思想基础的维系和支撑，党将不党，国将不国，民族也不会有凝聚力。共同的思想基础不是人为确定的，而是根源于共同的利益、产生于共同的事业、凝结于共同的目标。当前我国主流意识形态建设工作应该服务于党的中心任务，为推进现代化建设和实现中国梦创造良好的精神氛围，凝心聚力，共同推进中国特色社会主义伟大事业的顺利前行。

　　现代化是世界各国发展的普遍追求，从 1840 年以来，摆脱贫穷落后，实现现代化，一直是中国人民孜孜以求的伟大目标。1840 年以后，中国效法日本与俄国，采取了自上而下的君主制现代化道路。至 20 世纪初期，因自强与维新运动的相继失败，随后开展了自下而上的资产阶级革命，目的是推翻腐朽的封建帝制，建立议会民主制。孙中山曾乐观地估计革命后十年建设可以与西方"并驾齐驱"①。然而辛亥革命最终也失败了，又再次探索新的变革模式。百余年的中国现代化历史进程充分证明：资本主义现代化道路在中国是行不通的。中国共产党诞生以后，肩负起了民族独立和人民解放的历史重任，引领中国走上了社会主义现代化的发展道路。在现代化的建设中虽然出现了严重的挫折和失误，但是中国共产党始终努力推进马克思主义中国化，始终坚持把马克思主义基本原理与中国实际相结合，解放思想、实事求是、与时俱进，坚持走改革开放发展之路，带领全国人民共同建设中国特色社会主义，努力实现社会主义现代化的奋斗目标。回顾百余年中国现代化的历史，其经验教训重要的一条就是"中国现代化是与马克思主义的发展紧密相连的，是与社会主义的前途和命运紧密相连的，是与中国共产党的领导紧密相连的"②。"三千年未有之大变局"发生之时，中国的意识形态也开启了由古代到近代再到现代的加速演进过程。在各种思想的交汇和碰撞中，传统儒家思想的主导地位逐渐丧失。在有助于中国尽快走上现代化发展道路的思想理论体系中，马克思主义最终显示

---

　　①　《孙中山选集》下卷，人民出版社 1956 年版，第 658 页。

　　②　刘荣军：《中国共产党与中国社会主义现代化》，《西南师范大学学报（人文社会科学版）》，2001 年第 4 期。

出了它独特的魅力。中国共产党从成立之日起，便以马列主义作为自己的指导思想，运用马克思主义的普遍原理来观察和分析中国的实际问题，不仅推动社会主义现代化建设取得一个又一个胜利，实现了马克思主义中国化的两次伟大历史飞跃，即形成了毛泽东思想和中国特色社会主义理论体系。随着新时代趋势的增强和我国社会转型的进一步深化，我国主流意识形态的建设面临更加复杂多变的国际国内形势，面临更加严峻的挑战和发展机遇。加快推进社会主义现代化，必须不断对意识形态进行创造性的现代性转化，充分发挥中国化的马克思主义理论的巨大功能，确保在新时代的竞争中坚持我国现代化建设的中国特色和社会主义方向。

实现中华民族伟大复兴的中国梦，是当代中国的最强音，体现了中华民族和中国人民的整体利益，凝聚了一百多年来几代中国人的夙愿，是每一个中华儿女的共同期盼。江泽民说："一个民族、一个国家，如果没有自己的精神支柱，就等于没有灵魂，就会失去凝聚力和生命力。有没有高昂的民族精神，是衡量一个国家综合国力强弱的一个重要尺度。"① 意识形态工作就是树立精神支柱、构建灵魂的工作。近百年的内忧外患，使得中华民族的复兴进程显得异常的艰难。中华民族没有被深重的灾难和屈辱压倒，没有失去走向伟大复兴的决心和信心；屈辱越深，民族忧患意识越浓，全民族的回应就越强烈。中华民族所具有的深厚精神力量与内在活力，好似一个蕴藏无尽潜力的储存库。中国人现代民族主义的觉醒被失败、屈辱、灾难激发出来，从而推动着中国不断走向团结、统一和发展。新中国成立后，得以进一步发扬的民族自信心和民族凝聚力转化成民族复兴与现代化的伟大动力。自1840年以来的170多年间，尤其是中国共产党成立90多年来，中华民族对国家富强、民族振兴和人民幸福的坚持不懈地追求是一部伟大的中国精神传承发展史，也是一部革命奋斗史和改革创新史。尽管中华民族追求中国梦的历程异常艰难，但是在中国精神的支撑和驱动下，一代代中国人接续传承，"上下而求索"，正是因为中国人从未停

---

① 《江泽民文选》第2卷，人民出版社2006年版，第230—231页。

106

止追梦和圆梦的脚步，今天我们才能距离这个梦想如此之近；然而前进的道路上，我们面临的挑战也前所未有，民族复兴的阻力也从未有如此之大。因此，"实现中国梦必须弘扬中国精神。这就是以爱国主义为核心的民族精神，以改革创新为核心的时代精神。这种精神是凝心聚力的兴国之魂、强国之魂"。① 习近平的这段话，彰显了中国精神对于实现中国梦的铸"魂"作用，没有以社会主义核心价值体系为本质特征的中国精神，就不可能使中华民族屹立于世界民族之林。

三、深入推进社会主义核心价值体系的建设

社会主义核心价值体系是社会主义意识形态的本质体现，是我国主流意识形态的灵魂和核心，对我国意识形态建设具有高度统领性。"一定的意识形态作为系统的理论体系和突出的价值体系，能成为一种巨大的物质力量，激发和动员整个社会成员战胜各种困难和风险并为既定目标不懈奋斗的热情、信心和决心。"② 我国必须坚持中国特色社会主义道路，弘扬中华民族精神，凝聚全国各族人民的力量，实现中华民族的伟大复兴。

中国是拥有 13 多亿人口、56 个民族的社会主义大国，把全社会的意志和力量凝聚起来，必须确立反映全国各族人民共同认同的价值观"最大公约数"，从而激励与整合人们对社会和国家的集体认同，形成全民族的向心力和凝聚力，为中国特色社会主义制度的建立和运行提供合法性的理论解释及广泛的社会基础，为促进国家"软实力"提供思想基础和精神动力。因此，我国主流意识形态建设需要以社会主义核心价值体系为统领。

新中国成立后，我国确立了以马克思主义为指导的主流意识形态。这为我国社会主义核心价值体系的建设奠定了理论基础。改革开放以来，我国主流意识形态不断发展创新，提出了建设社会主义核心价值体系、培育和践行社会主义核心价值观的战略任务和发展目标。党的十六届六中全会

---

① 习近平：《习近平谈治国理政》，外文出版社 2014 年版，第 40 页。

② 王永贵等：《经济新时代与社会主义意识形态建设研究》，人民出版社 2005 年版，第 19 页。

把社会主义核心价值体系的基本内容概括为四个方面，即马克思主义指导思想、中国特色社会主义共同理想、以爱国主义为核心的民族精神和以改革创新为核心的时代精神、社会主义荣辱观。2012年，在党的十八大报告中又明确提出了"三个倡导"，即"倡导富强、民主、文明、和谐，倡导自由、平等、公正、法治，倡导爱国、敬业、诚信、友善，积极培育社会主义核心价值观"①，这既是对社会主义核心价值观的最新概括，也是对社会主义核心价值体系的高度凝练和集中表达。社会主义核心价值观一方面是社会主义核心价值体系的有机组成部分，是其最根本的特征与属性。另一方面也集中反映了社会主义核心价值体系的丰富内涵和实践要求。因此，大力倡导和积极践行社会主义核心价值观，对于巩固马克思主义的指导地位，进一步巩固全党全国人民的共同思想基础，凝心聚力，实现中华民族伟大复兴的中国梦具有极其重要的现实意义。

社会主义核心价值观是主流意识形态的本质和核心。我们加强主流意识形态建设最核心的内容是深入推进社会主义核心价值体系建设以及传播社会主义核心价值观。在实践中，我国高度重视倡导和践行社会主义核心价值观，认为社会主义核心价值观关乎国家的前途命运、关乎人民的幸福安康、关乎中国梦能否实现。正如习近平所说，"人类社会发展的历史表明，对一个民族、一个国家来说，最持久、最深层的力量是全社会共同认可的核心价值观。核心价值观，承载着一个民族、一个国家的精神追求，体现着一个社会评判是非曲直的价值标准"②。我们也认识到倡导社会主义核心价值观：首先要从思想上给予高度重视，牢牢把握国家、社会、公民各层面核心价值观的制高点；其次，宣传社会主义核心价值观不仅仅是教育和宣传方面的事情，而是要有一套制度方面安排，需要从主流意识形态建设方面加以实现。

---

① 《胡锦涛：坚定不移沿着中国特色社会主义道路前进为全面建成小康社会而奋斗——在中国共产党第十八次全国代表大会上的报告》，人民出版社，2012年11月，第31—32页。

② 习近平：《习近平谈治国理政》，外文出版社2014年版，第168页。

四、增强我国社会主义文化的软实力

我国主流意识形态建设要以增强我国文化"软实力"为目标。意识形态建设是文化建设的一个重要内容。在新时代背景下，当今国与国之间的竞争不仅反映在经济发展"硬实力"上，而且还体现在文化发展"软实力"上。在世界各民族的多元文化发展进程中，一个民族要生存和发展，必须要有自己的文化根基和文化形象。我们生活在一个多重文化认同和文化冲突的时代。在经济新时代、政治新时代和文化新时代进程中，民族利益、国家利益依旧是根本利益，民族精神依然是人们生存发展的动力源泉。民族文化是一个民族和国家赖以生存和发展的重要根基，也是一个民族区别于其他民族的重要标志。民族独立和振兴，乃至社会的发展和进步，都离不开民族文化的支撑。

从国家综合国力构成来说，以意识形态为核心的思想道德文化，是综合国力构成中不可缺少的"软实力"要素，它越来越成为民族凝聚力和创造力的重要来源。在新时代以前，文化的交流和竞争主要依附于商贸、宗教、军事、政治、人口迁徙等进行，而新时代改变了文化的交流形态，文化冲突成为国际冲突最深层次的根源，文化竞争成为各个国家、民族竞争的主要领域。当前，文化竞争力成为国家竞争力最重要的标志和重要组成部分。正因为文化作用的日益凸显，在传统的以经济、军事、科技为主要支撑点的"硬实力"之说基础上，产生了以文化为主要支撑点的"软实力"理论，世界进入"软实力"大比拼的时代。只有占据文化发展的制高点，才能在国际竞争中掌握主动权。

在文化新时代特别是西方文化霸权咄咄逼人的攻势下，以美国为首的西方国家，一方面以经济、政治甚至军事等"硬实力"强迫"弱国"小国接受他们的文化；另一方面借助传媒、投资、商品等"软实力"，将其宗教信仰、民主制度、价值观念和生活方式等传播到其他国家，借以消灭其他民族国家的文化自觉性，同化其他民族国家文化，造成事实上的文化殖民。这一切，给我国主流意识形态造成了严重冲击。基于对当前世界文化"软实力"竞争态势的冷静分析和科学把握，中国在 21 世纪初提出了"文化走出去"的目标。"当今世界正处于大发展大变革调整时期，新时代深入发展，科学技术日新月异，各种思想文化交流交融交锋更加频繁，文化在综合国力竞争中的地位和作用更加明显，维护国家文化安全任务更加艰巨，增强国家文化'软实力'、中华文化国际影响力要求更加紧迫。"① 党的十八大报告不仅从全面建设小康社会这样一个高度来定位增强国家文化"软实力"，而且还专门提出了社会主义文化强国建设目标。习近平指出："提高国家文化软实力，关系我国在世界文化格局中的定位，关系我国国际地位和国际影响力，关系'两个一百年'奋斗目标和中华民族伟大复兴的中国梦的实现。"② 站在承前启后的历史新起点上，我们需要高度的文化自信与自觉，担当起时代赋予的文化使命，坚持"从全球着眼、从本土入手"，按照"民族的科学的大众的文化"指向，努力建设一种开放的、能够与世界其他民族的先进文化相互吸收、相互发展的中华民族新文化，为人类文明的发展再次贡献中国智慧。

第二节　新时代背景下我国主流意识形态建设的基本原则

在我国主流意识形态主导地位的确立和巩固过程中，为了确保主流意识形态的主导地位，要求我们始终坚持一些重要的基本原则。在新时代背景下，面对复杂的国际和国内形势，加强我国主流意识形态建设需要牢牢把握以下基本原则。

一、坚持一元性与多样性相统一的原则

一元性与多样性是辩证统一的。一与多是任何事物发展的基本形态，即一存在于多之中，多是一的丰富性表现。一元性与多样性的矛盾是事物

---

① 《中共中央关于深化文化体制改革、推动社会主义文化大发展大繁荣若干重大问题的决定》，新华网，2011 年 10 月 25 日。

② 《习近平新时代中国特色社会主义思想三十讲》，学习出版社，2018 年 5 月，第 208 页。

发展的基本矛盾。在主流意识形态建设中，我们要处理好两者的关系，一方面坚持一元性与多样性的统一，这是因为离开一元性，不讲基本原则，就会迷失前进发展的方向，从而出现思想上的混乱。同时没有多样性，只有单一、沉闷，一元性也无法得到丰富和发展。另一方面我们必须在坚持一元性的指导下发展多样性，在发展多样性的基础上坚持一元性。反之，过度强调一元性而忽视多样性，或一味强调多样性而损害一元性，都会给国家和社会造成不良影响甚至严重的后果。不坚持主流意识形态的一元性，就会迷失国家发展方向，破坏社会的政治稳定；不承认和不尊重非主流意识形态的多样性，同样也不利于国家、社会的健康发展。

马克思曾经说过："在不同的占有形式上，在社会生存条件上，耸立着由各种不同的、表现独特的情感、幻想、思想方式和人生观构成的整个上层建筑。"① 坚持公有制为主体、多种所有制经济形式共同发展，是我国社会主义初级阶段的基本经济制度。这一基本经济制度决定了我国意识形态领域必然呈现一元主导与多样性的思想观念并存。所谓一元主导，是指坚持马克思主义在意识形态领域的指导地位，这是由我们党的性质和我国的社会主义制度决定的，因为"我们的党从它一开始，就是一个以马克思列宁主义的理论为基础的党"②。马克思主义作为我们党的指导思想，是指引我们党进行中国革命、社会主义建设和改革开放取得成功的制胜法宝，坚持以马克思主义为指导是中国特色社会主义事业兴旺发达的根本保证。所谓多样性，是指在马克思主义的一元主导下，多种思想观念、文化形式、社会意识、价值取向等同时存在，既有以马克思主义为指导的社会主义意识形态，也有各种非马克思主义的意识形态。

在新时代，因意识形态领域呈现出了开放、丰富和活跃的局面，如何正确处理其一元性和多样性的关系就变得尤为重要。在社会主义意识形态发展过程中，一个重要的教训就是没有处理好一元性与多样性的关系。苏联的建立实现了社会主义从理论到现实的飞跃，并促成了社会主义从一国

---

① 《马克思恩格斯选集》第 1 卷，人民出版社 1995 年版，第 611 页。
② 《毛泽东选集》第 3 卷，人民出版社 1991 年第 2 版，第 1093 页。

到多国的胜利，但由于在斯大林时期没有处理好意识形态领域的一元性与多样性的关系，在意识形态领域采取了简单化、教条化、公式化的做法，在意识形态领域排斥思想文化的多样性，导致了思想僵化，进而严重影响了苏联政治、经济和文化方面的发展，从而为苏联社会主义的失败埋下了隐患。而当苏联开始意识到意识形态领域僵化带来的各种思想问题和社会问题而进行改革时，又从缺乏意识形态多样性的一端走向抹杀意识形态一元主导性的另一个极端。特别是戈尔巴乔夫上台后推行的"新思维"和"人道的民主的社会主义"，其实质是否定无产阶级专政，取消共产党的领导，消解社会主义意识形态的主导地位，从而酿成了苏东各国全面危机的总爆发，致使思想日益混乱，局势日益恶化，最终导致亡党亡国的惨剧。

前车之鉴，我们在主流意识形态的建设中，必须将一元性与多样性有机统一起来。坚持马克思主义的指导地位，瓦解西方敌对势力对我国实施"西化""分化"的政治图谋。面对层出不穷的新情况、新问题，首先，我们必须警钟长鸣，保持清醒头脑，注意全面协调各种意识形态的关系、统领整个意识形态领域，坚决反对和抵制各种错误的意识形态和思潮，不断巩固全党全国人民团结奋斗的共同思想基础，为建设社会主义和谐社会提供强大的精神动力。其次，我们也要保持开阔的胸襟，在各种理论相互冲击、交流和借鉴中发展自己，使主流意识建设置身于开放环境中。社会主义意识形态对抗资本主义意识形态的历史表明，主流意识形态正是在与形形色色的非主流意识形态的比较与借鉴中，不断地提炼和升华出新的发展因子，充实和完善构成主流意识形态的时代内容。总之，在新时代背景下，我国主流意识形态建设要坚持一元性与多样性相统一的原则。

二、坚持继承性与创新性相统一的原则

继承是创新的基础，创新是继承的必然要求，两者辩证统一。任何理论都不是凭空产生的，都是在一定的物质条件和一定的思想认识的基础上继承和发展先前思想的结果。没有创新，只是一味地继承，理论就会失去生机与活力，变得凝固、僵化和保守。创新则是一种超越、一种扬弃，是

继承的必然结果。坚持继承性和创新性的统一，是主流意识形态建设必须遵循的一个重要原则。

马克思主义的创立和发展，本身就是对前人理论继承和创新的光辉典范。列宁在《马克思主义三个来源和组成部分》中指出："马克思主义同'宗派主义'毫无相似之处，它绝不是离开世界文明发展大道而产生的一种故步自封、僵化不变的学说。恰恰相反，马克思的全部天才正是他回答了人类先进思想已经提出的种种问题。他的学说的产生正是哲学、政治经济学和社会主义极伟大的代表人物的学说的直接继续。"① 我国主流意识形态建设积累的最为重要的经验之一就是，在社会主义建设和改革的过程中，与时俱进地继承和发展了马克思主义理论，坚持将马克思主义普遍真理与中国实际相结合，形成了毛泽东思想和包括邓小平理论、"三个代表"重要思想和科学发展观在内的中国特色社会主义理论体系。这些理论成果是党和人民实践经验的总结和集体智慧的结晶，推动了马克思主义理论在中国的发展。这就充分说明，没有继承就没有理论来源，就不可能进行理论创新，继承是理论创新的基础和前提。这里所谓的继承，不是马克思主义某些具体的观点和细节，而是其世界观和方法论。正如邓小平多次重申："真正的马克思列宁主义者必须根据现在的情况，认识、继承和发展马克思列宁主义。"② 所谓的创新，就是要积极适应时代发展的要求和时代主题的转换，充分吸收和借鉴一切有益的成分，古为今用，推陈出新。新时代为中国主流意识形态的发展提供了更加宽松、开放的外部环境，而且使意识形态领域的纷争和较量越来越复杂。特别是在资本主义仍然主导着新时代的大背景下，我国主流意识形态建设必须在坚持"老祖宗不能丢"的根本前提下，在批判地继承先前意识形态的基础上，根据现实的社会条件进行主流意识形态的理论创新和形式创新，不断提升其科学性和价值性。

① 《列宁全集》第2卷，人民出版社1995年版，第309页。
② 《邓小平文选》第3卷，人民出版社1993年版，第291页。

第四章　新时代背景下我国主流意识形态建设的基本目标、基本原则和基本要求

113

三、坚持先进性与广泛性相统一的原则

意识形态作为一种上层建筑，是一个政党特别是执政党借以表达其施政纲领和政治立场、整合社会力量、获取主流价值认同以及凝聚党心民心的重要手段。中国共产党作为一个马克思主义执政党，其性质决定了党的意识形态建设必须正确认识和处理好先进性与广泛性的关系，在实践中努力实现二者的有机统一。先进性是广泛性的保障，事关意识形态建设的正确方向。广泛性是先进性的基础，主流意识形态只有坚持贴近实际、贴近生活，才能得到广大群众的认同和接受，其先进性才能真正体现和发挥出来。

坚持从实际出发，鼓励先进、照顾多数，使先进性的要求与广泛性的要求相结合，突出先进性，寓先进性于广泛性之中，用重点带动一般，使少数影响多数，使长远目标和阶段性目标相结合，循序渐进，共同进步，是我党90多年来建设意识形态所一直坚持的基本原则和方法。意识形态具有大众性和广泛性，需要与社会生活相联系，成为社会的"黏合剂"和"混凝土"。用马克思主义理论武装全党、教育人民，是一项需要持之以恒、逐步推进的社会系统工程，不可能一蹴而就，必须常抓不懈，通力合作，层层推进，以坚持不懈的精神对主流意识形态建设问题通盘考虑、从长计议。

特别是在新时代背景下，社会主义市场经济和改革开放不断发展和扩大，我国的社会阶层结构发生了重大变化，社会成员的思想认识必然呈现出不同的层次性。因此主流意识形态建设必须做到既要坚持先进性，把握正确方向，又要体现广泛性，不搞千篇一律。具体而言，就是要坚持原则的坚定性和策略的灵活性相统一，始终坚持先进性不动摇，深入学习贯彻中国特色社会主义理论体系，建设社会主义核心价值体系，不断提高全民族的思想道德水平，为实现建设中国特色社会主义的共同理想创造精神条件和思想基础。同时坚持以客观现实为依据，在意识形态上充分体现其代表利益的广泛性和施政纲领的人民性，有效整合多元社会思潮，使整个社会精神生活在多元文化生态中充满活力。

四、坚持自主性与包容性相统一的原则

坚持自主性与包容性相统一，是我国意识形态建设必须遵守的一条重要原则，也是我国主流意识形态建设实践的经验总结。自主性是包容性的根本前提，包容性是自主性的集中体现。

独立自主既是一种思想理论，又是渗透在思想理论及其实践中的一种精神。作为马克思主义活的灵魂的重要方面，独立自主体现在我们党的政治实践的方方面面，也是我们党进行主流意识形态建设必须坚持的基本原则。我国革命、建设和改革的伟大实践，蕴含着中国共产党和中国人民所具有的极为丰富的独立自主的思想，其真精神就是"把马克思主义基本原理同中国具体实际相结合，走自己的道路"。坚持独立自主，是我国主流意识形态建设的底线，凡是触碰底线的，中国都会做出针锋相对的斗争。邓小平在改革开放之初就明确指出："任何外国不要指望中国做他们的附庸，不要指望中国吞下损害我国利益的苦果。"[①] 同时，我们党的意识形态之所以能够成为全党和全国人民团结奋斗的共同思想基础和精神纽带，就在于它尊重差异性、包容多样性。因为"只有具有兼容并蓄其他意识形态的合理、科学的气度和能力，才能在与其他意识形态的竞争中，提升自己在社会生活中的影响力"[②]。我国主流意识形态建设，正是在坚持捍卫马克思主义的指导地位和中国特色社会主义的政治属性的前提下，不断与时俱进，超越简单无意义的意识形态的斗争与对立，尽最大可能地包容、整合其他有益的或无害的意识形态的内容。社会主义意识形态要在实践中加以丰富、吸取人类一切优秀的文化成果，而不能是自我封闭的僵化体系。

新时代进程的迅速推进，加速了意识形态建设的自主性与包容性的辩证统一。随着我国经济社会的大变革和大调整，经济成分、社会生活方式和社会组织形式的改变、就业方式的多样化，人们思想观念和意识形态领

---

① 《邓小平文选》第 3 卷，人民出版社 1993 年，第 3 页。

② 段鹏飞：《经济新时代背景下中国共产党意识形态建设面临的机遇和挑战》，中共云南省委党校学院学报，2014 年第 6 期。

域也出现多样化，既有主流意识形态，也有各种非主流意识形态；既有积极的意识形态，也有消极的意识形态；既有代表社会主义的意识形态，也有体现资本主义的意识形态。面对如此众多的意识形态成分，我们必须坚持自主性，通过不断对是非、善恶、美丑区分，彰显自身价值，以获得广泛的认同。同时，坚持与时俱进和自我创新，兼容并蓄、取长补短，不断发展壮大自己。这既是巩固党的执政地位的关键所在，也是确保党的意识形态在各种复杂环境下始终保持生命力的关键所在。

第三节　新时代背景下我国主流意识形态建设的基本要求

在新时代背景下，我国社会主义现代化建设取得了辉煌成就，改革开放进入了一个新的发展阶段，特别是党的十八大开启了民族复兴的新征程。在此形势下，中国特色社会主义事业的发展面临着前所未有的机遇和挑战，尤其是全面深化改革、全面推进依法治国等都对我国主流意识形态建设提出了新的更高的要求，我们应当全面把握、积极适应这一战略要求，进一步在新起点上加强我国主流意识形态建设。

一、实践性是我国主流意识形态建设的现实基础

马克思指出"社会生活在本质上是实践的"①。马克思主义实践性是我国主流意识形态建设的出发点。纵观我国主流意识形态建设历程，我国主流意识形态建设始终坚持马克思主义基本原理同中国具体实践相结合，不断解放思想，不断创新和发展马克思主义。在新时代背景下，实践性是我国主流意识形态建设的现实基础。具体表现在两个方面：一方面，中国建设和改革的伟大实践，是我国主流意识形态不断发展创新的实践源泉；另一方面，我国主流意识形态的发展创新服务于中国建设和改革的伟大实践。

---

① 《马克思恩格斯选集》第 1 卷，人民出版社 2009 年版，第 505 页。

一方面，总结中国发展建设的经验教训，立足于中国社会建设的伟大实践，积极发展完善我国主流意识形态，是我国主流意识形态建设的一条重要经验。20 世纪 70 年代末至 80 年代中期，邓小平敏锐地觉察到世界局势变化的走向，认为世界和平力量的增长超过了战争因素的增长，提出了和平与发展已成为世界主题。在对过去"左"的错误的深刻反思，以及在改革开放和现代化建设的新的实践中，邓小平重新思索"什么是社会主义、怎样建设社会主义"这一重大理论与实践课题，开创了马克思主义与中国实际相结合的第二次历史性飞跃的历程。"三个代表"重要思想是在改革开放的基础上揭示了党的执政规律、社会主义建设规律和人类社会发展的规律，创造性地回答了建设什么样的党、怎样建设党的重大问题。科学发展观则进一步回答了什么是发展、为什么发展、怎样发展的重大问题。十八大以来，习近平总书记根据新的国际国内形势，从变化了的社会实践出发，提出了全面建成小康社会、全面深化改革、全面依法治国、全面从严治党，用"三个倡导"弘扬社会主义核心价值观，进一步发展和丰富了我国主流意识形态。

另一方面，主流意识形态发展创新服务于中国建设和改革发展的伟大实践。因为任何科学理论都不能脱离社会实践，始终与现实保持最为紧密的联系，并为解决现实问题服务。正如马克思所说，必须能够切实做到用"双脚立地，并用双手攀摘大地的果实"①。改革开放后，为适应新的历史条件，解决重大的理论和实践问题，实现了马克思主义与中国实践相结合的第二次历史飞跃，形成中国特色社会主义理论体系。创新发展的主流意识形态为改革开放和现代化建设提供了科学理论指导，而中国特色社会主义理论不仅要解决重大的理论问题，而且也要解决现实生活中重大的实际问题。在主流意识形态的创新发展过程中，我们党始终坚持从实际出发，把现代化建设过程中的重大理论问题和实际问题统一起来，把理论创新与经济社会发展实践中的重大问题结合起来，同解决国计民生的重大现实问

---

① 《马克思恩格斯全集》第 1 卷，人民出版社 1956 年版，第 120－121 页。

题结合起来，同指导和推动改革深入发展结合起来，以此作为主流意识形态的现实基础。

二、人民性是我国主流意识形态建设的价值取向

坚持价值取向的人民性，是我国主流意识形态建设的主要经验之一。人民性是马克思主义群众史观及马克思主义政党的群众观点和群众路线的集中体现，也是中国共产党党性的本质要求，它回答了在马克思主义政党领导下的全部社会实践中依靠谁、为了谁的问题。中国共产党的根本宗旨就是全心全意为人民服务，将人民利益作为最高利益。因此，党性和人民性是一致的。在主流意识形态的建设中，必须将坚持党性和坚持人民性统一起来。人民性作为主流意识形态建设的价值取向，必然要求反映和表达最广大人民群众的利益，获得人民群众的认同和拥护。马克思主义认为，人民群众是历史的创造者，是物质和精神财富的创造者与社会变革的决定力量。因而人民群众的利益诉求和理论需求就成为推动我国主流意识形态建设的内在动力。我们党自选择了马克思主义作为指导思想之日起就与人民群众建立了血肉联系，他们非常重视人民群众的伟大力量，并坚持依靠群众、发动群众、向群众学习。中国共产党在夺取政权建立人民民主专政及革命建设过程中总结出了群众路线，正如毛泽东所说"在我党的一切实际工作中，凡属正确的领导，必须是从群众中来，到群众中去"。改革开放后，我们党仍坚持把群众路线作为政治路线和组织路线，并在实践中不断创新完善方式和方法。邓小平指出："群众是我们力量的源泉，群众路线和群众观点是我们的传家宝。"① 江泽民、胡锦涛也多次强调坚持好群众路线的重要性，警示广大干部不要脱离群众。十八大后，习近平总书记多次发表关于群众路线的重要论述，他强调，实现我们的奋斗目标，开创我们的美好未来，必须紧紧依靠人民，始终为了人民。

我国主流意识形态建设的人民性与马克思主义群众史观和人的自由全

---

① 《邓小平文选》第2卷，人民出版社1994年版，第368页。

面发展学说是一脉相承的。在新时代背景下，人民性依然是我国主流意识形态建设的价值取向。新形势下，在主流意识形态建设中，强调人民性时要注意两个方面：一是人的主体性，即在主流意识形态建设过程中要关注人的价值诉求，既要关注人的工具理性得到开发，又要关注人的价值理性得到满足。我国主流意识形态的终极价值取向是以人的自由全面发展为目标，体现在具体的建设策略中就是"既要着眼于人民现实的物质文化生活需要，同时又要着眼于促进人民素质的提高，也就是要努力促进人的全面发展"①。二是人性化——社会主义的人文关怀。在主流意识形态建设过程中，关注人的全面发展问题要从两个方面来实现，一方面既要从宏观上关注人类自身的发展与解放，另一方面要在微观方面关注每一个社会成员的生存状况、基本权利、个体利益和发展机遇等。随着社会的发展进步，客观上要求主流意识形态建设的内容要将维护和发展人的利益和价值诉求作为主流意识形态建设的主要内容。在实践中要将"尊重人、爱护人、理解人、发展人、解放人"作为主流意识形态建设的根本出发点和落脚点。高度重视人的生命价值、生存空间、人性自由和个性发展，充分发挥人的积极性、主动性和创造性，在主流意识形态建设中要注意把个体的价值诉求转变为社会普遍的价值诉求，不仅要体现出对社会中各个群体的人文关怀，而且对每个活生生的个体也要有足够的人文关怀。

总之，人民性不仅是马克思主义中国化的最核心的价值意蕴，而且也是我国主流意识形态建设的最核心的价值取向。当前我国已进入改革攻坚阶段，正处于主动、积极地建设中国特色社会主义的关键阶段。随着中国特色社会主义事业的深入发展，社会的深层次矛盾也更加突出，因此在发展理念和发展实践中更需要坚持社会主义主流意识形态的人民性，坚持以人为本、执政为民，将我国主流意识形态与人民群众的根本利益结合好，这样才能使我国的改革与发展得到广大人民群众的认同和支持。

---

① 江泽民在庆祝中国共产党成立八十周年大会上的讲话，《人民日报》，2001 年 7 月 1 日。

三、时代性是我国主流意识形态建设的必然要求

能否反映社会实践的需要是主流意识形态的主要表现形式，能否体现所处时代的真正精神是主流意识形态实现指导社会实践的目的。时代性是我国主流意识形态建设的必然要求。作为我国主流意识形态的指导思想，马克思主义是关于无产阶级和人类解放的科学理论，具有强大的生命力。究其原因是马克思主义与时俱进的理论品质，体现了时代性、把握了规律性、富于创造性。早在马克思主义创立之初，马克思就宣布"我不主张我们竖起任何教条主义的旗帜"，马克思主义创始人一再强调其理论学说是发展中的理论，是与社会实践相结合的，而不是僵化不变的学说。马克思、恩格斯在其理论学说创立之后长达半个世纪的发展过程中，总是竭力将理论与不断发展的时代需求、与不断发展的实践需求相结合，并在这种"结合"的基础上进行理论的再创新。

在中国建设和改革开放时期，我们党和国家领导人始终根据时代的发展和变化来丰富和发展马克思主义。20世纪80年代，和平与发展已成为时代的主题。邓小平敏锐地把握住这一时代特征，指出："经验证明，关起门来搞建设是不能成功的，中国的发展离不开世界。"要求改革开放与国际接轨，全面参与经济新时代进程。邓小平正是在新的历史条件下把继承、坚持同发展、创新辩证地统一起来，使马克思主义在当代中国进入了新境界，达到了新高度。正如他所说："我们搞改革开放，把工作重心放在经济建设上，没有丢马克思，没有丢列宁，也没有丢毛泽东。老祖宗不能丢啊！问题是要把什么叫社会主义搞清楚，把怎么样建设和发展社会主义搞清楚。""搞清楚"最重要的是要澄清被搞乱的理论是非，并结合社会主义建设的新的实践经验和新的时代要求，用新的思想观点发展马克思主义。"三个代表"重要思想是在世纪之交国际局势发生深刻变化的时代背景下形成的。进入21世纪，党的历史方位发生了变化，"三个代表"是面对党在历史方位发生变化的情况下如何执政做出的集中回答。随着经济新时代深入发展，科技革命加速推进，全球和区域合作方兴未艾，国际力量

对比朝着有利于维护世界和平的方向发展。在此形势下，如何发展、实现什么样的发展，成为当今时代迫切回答的问题。科学发展观正是在深刻分析当今时代特征和国际形势的基础上提出的。当前，世界正在发生深刻复杂的变化，和平、发展、合作、共赢的时代潮流更加强劲，国际社会日益成为你中有我、我中有你的命运共同体，正如习近平所指出的人类只有一个地球，面对世界经济的复杂形势和全球性问题，任何国家都不可能独善其身。推行"人类命运共同体"思想，不仅有助于克服和解决当今日趋严重的全球性问题，也有助于推动世界各国的共同繁荣和进步。综上所述，党和国家的领导人在主流意识形态建设上都依据新的时代背景和实践发展，与时俱进，不断开创马克思主义中国化的新境界。

在新形势下我国主流意识形态建设要结合时代发展的要求，主动回答时代发展中的重大课题，科学制定和实施符合我国实际的目标和任务，为实现中华民族伟大复兴的中国梦提供理论支持和精神动力。

第五章　新时代背景下我国主流意识形态建设的对策与路径

中国共产党成立 90 多年来，伴随着党在不同历史时期目标任务的转换和时代提出的新课题，意识形态工作在战略性调整和适应性转变中烙上了鲜明的时代特征。党的十八大以来，以习近平同志为核心的党中央高度重视社会主义文化建设，牢牢把握意识形态工作的领导权、管理权、话语权，顺应意识形态领域新起点、新阶段的历史性变化，科学地观察、分析、判断和把握意识形态工作领域的复杂形势、阶段性特征、发展趋势和客观规律的基础上，深刻阐释了事关意识形态工作长远发展的一系列重大理论和现实问题，蕴含着一系列新思想新理念新要求，是做好新时代背景下主流意识形态建设工作的基本遵循。

当前，我国主流意识形态建设面临着外部和自身两大方面的挑战：一方面面临着来自资本主义的三大挑战，即利用经济全球化实现全球经济资本主义化；利用民主政治推行西方的政治制度以实现对他国的"西化"；利用文化实施"文化霸权"以推行西方的文化价值观念。另一方面，我国主流意识形态自身也面临着如何建设及社会认同的挑战。因此，本章从经济、政治、文化三个维度对我国主流意识形态建设进行系统的思考，提出我国主流意识形态积极应对挑战的对策与路径。

第一节　新时代之经济维度视角下我国主流意识形态建设的对策与路径

在经济全球化进程中，一方面，体现西方资本主义意识形态的国际垄断资产阶级极力维护资本主义生产方式和资本主义经济制度，意图建立以国际垄断资本主义为主导的全球经济新秩序，试图借经济全球化之名行全球经济资本主义化之实。另一方面，随着我国市场经济的深入发展，出现了收入、财富差距甚至是悬殊的问题，引发了社会矛盾和冲突，影响着民众对主流意识形态的认同。面对上述两个方面的挑战，我们需要从三个方面加以应对和解决：要解放和发展生产力，夯实主流意识形态的物质基础；要坚持共同富裕道路，彰显主流意识形态的比较优势；要完善社会主义市场经济，发挥主流意识形态的引领功能。

一、解放和发展生产力，夯实主流意识形态的物质基础

在经济全球化进程中，各国之间的经济竞争隐含着意识形态之间的较量，而且意识形态方面的对话与斗争也越来越复杂多样。而意识形态优越性的展示最终取决于经济实力、综合国力以及人心所向。因为人民群众对政府是否信任，对社会主义是否有信心，对执政党是否拥护，取决于人民群众切身利益是否获得和实际生活质量是否提升。发展生产力是社会主义的本质要求，唯有大力发展生产力，社会财富极度丰富，才有可能普遍提高人民群众的物质和文化生活水平。当前，人民日益增长的物质文化需要同落后的社会生产之间的矛盾仍然是我国社会的主要矛盾。据联合国开发计划署公布的 2018 年人类发展报告，我国人均国民总收入为 15 270 美元，位居世界第 86 位，属于中等偏上国家，但是我们也要清醒地认识到，由于目前我国贫富差距较大，大部分人的收入还是比较低的。所以，大力发展生产力，提高人民的生活水平仍然是我国现阶段发展的重要目标。针对我们长期以来发展生产力的片面性价值取向及其负面效应，如忽视人的本质力量、掠夺自然资源、破坏生态环境来发展生产力的历史和现状，应努力建构遵循"以人为本"、绿色发展及生产力自身发展逻辑的"三位一体"的生产力发展框架。其中"以人为本"为发展生产力的价值取向，精神生产力是生产力自身发展的新要求，应是当前发展生产力的重要内容，绿色发展是发展生产力的底线原则，三者缺一不可，共同促进和维护生产力的

正确发展方向。

其一，发展生产力，坚持"以人为本"为价值取向。根据马克思主义观点，社会主义优越性的体现根本在于能够创造出高于资本主义的劳动生产率。资本主义解放和发展生产力的目的与手段是相背离的，劳动越来越成为手段而不是目的，这种劳动的结果是使劳动者丧失了自身，导致"物的世界的增殖与人的世界的贬值是成正比的"① 畸形现象，造成人的"异化"，人越来越成为"单向度的人"。与之根本不同的是，社会主义社会注重实现生产力发展和人的自由全面发展相统一。在创造财富的过程中，人不仅是劳动者，而且也是社会历史活动的主体，作为主体的人来讲，每个人都有追求幸福生活的愿望和本能。而作为生产力来讲，它不仅包括劳动者自身的生产能力，而且还包括科学技术、管理等方面，但是无论怎样，生产力都不应是外在于人的单纯的物，而是实现人的全面发展的目的和手段。因为生产力的发展能够使人"自身的自然半沉睡着的潜力发挥出来"。生产力的发展不仅可以为人解决吃、穿、住、行等基本需求，还可以提高生产效率，进而使劳动者有了大量的剩余时间，劳动者可以利用闲暇时间去从事艺术、文学、科学等活动，从而实现自由全面发展。但是一段时间以来，生产力的发展中存在着见物不见人、对自然的破坏等问题，究其原因是将生产力的发展看成外在财富的增加，只是从一般意义来看生产力的发展，从单纯的物质的丰富、社会的进步来理解生产力，而忽略了人才是发展生产力的最终目的。我国在发展生产力中也存在这样的问题，在参与经济新时代过程中，我国的生产力实现了快速增长，但是在发展的过程中一定程度上忽略了人的主体作用，因而也出现了前文所述的"物质生活富裕后的精神匮乏、空虚无聊，以及商品意识的泛化对公共权力的严重腐蚀"等问题。因此，发展生产力要以实现人的自由全面发展为最终目的，实现社会成员对自然资源和社会联系的广泛占有，创造出人同对象世界的全面丰富的关系，最终使人类不断地从必然王国向自由王国迈进。在解放

---

① 《马克思恩格斯选集》第1卷，人民出版社1995年版，第40页。

124

和发展生产力的过程中，必须始终坚持"以人为本"的价值取向，坚持生产力发展依靠人、服务人，一切以是否有利于人的全面发展为根本着眼点，一切以"人民赞成不赞成、拥护不拥护、答应不答应、满意不满意"为根本标准。

其二，发展生产力，坚持以发展精神生产力为重要内容。根据马克思主义唯物史观，社会的生产是一个复杂的系统，包含了物质生产和精神生产。物质生产与精神生产是辩证统一的，物质生产决定精神生产，精神生产对物质生产具有重大的反作用。根据资本主义大机器工业发展状况，马克思预测了精神生产的地位和趋势，揭示了精神生产与人的全面发展的关系，指出精神生产是实现人的全面发展的条件。马克思还指出在生产发展达到一定水平后，物质生产力的发展对于精神生产力的作用的依赖越来越强，而精神生产力则越来越多地转化为物质生产力。物质生产力与精神生产力的相互依赖、相互作用越来越紧密。现代生产力的发展表明，精神生产力对物质生产力所发生的巨大作用日益凸显。科学与技术日益转化为现实的物质生产力成为现代生产力发展的重要特征。在"短缺经济"时代，人们为解决温饱问题而终日奔波，精神生产力此时未能凸显其作用。而当物质需要在很大程度上得到满足后，人们的精神需要就会上升到主导性地位，而相对于有限的物质需要而言，这种精神需要则是无限的。要满足人的精神需要，只有依靠发展精神生产力。特别是在知识经济占主导地位的今天，精神生产力的发展，将是一个国家综合竞争力的重要标志和重要组成部分。精神生产力的突出作用主要体现在两个方面：一是以科学技术为主的发明创造能使社会发生质的改变，如计算机的发明、互联网的使用彻底地改变了人们的生活状态，使人类社会变成了一个地球村。二是精神生产力在人的全面发展中的作用。人作为社会发展的承担者和推动者，其智力水平、文化修养和道德品格的改善和提高依赖于精神生产力的发展，因此，人类在解放和发展物质生产力的同时，要更加重视精神生产力的作用，鼓励科技创新，加快科学的物化和科学技术的普及，推动精神生产力向现实生产力快速转变。

其三，发展生产力，坚持绿色发展的底线原则。根据马克思主义唯物史观，自然界是人类生存和发展的物质基础，但是几百年来，资本主义以其不可克服的固有缺陷，使人类对这个生存和发展基础并未给予高度的重视和关爱，而是无限地任意地开采和利用自然界，资本主义生产方式的新时代过程，也是生态危机的新时代过程。当下，这种"征服自然"和"利用自然"的价值取向已在现实中遇到了种种困境，这种困境体现在两个方面：一是巨大的环境污染带来的人类生存空间的急剧恶化，归因于对科学技术的过度、片面的利用。二是由于生产力的发展是以大量消耗自然资源为代价的，人类正面临着资源短缺、枯竭的困境。之所以会出现上述问题，是因为人类对于自身发展存在认识偏差。如在工业化早期，人们普遍认为发展就是经济的增长与发展，因而将经济发展看成是生产力发展的唯一尺度。阿尔文·托夫勒曾经说过，"不惜代价，不顾社会危险，追求国民生产总值，成为第二次浪潮各国政府盲目追求的目标"①。这种非可持续发展的理念，造成结构性发展的矛盾逐渐突出，使得生产力发展遇到过去没有遇过的瓶颈。究其原因，是传统生产力理论秉持的"自然资源无限论"。因为这种观念的影响，人类大规模地消耗各种资源、能源，来创造出巨大的物质财富，可以这样说，传统生产力的发展是建立在资源大量消耗的基础上的。但是自然资源并不是无限的，时至今日，人类正面临着资源短缺、枯竭的现实。我们更面临着发展经济与保护生态环境的双重压力。在这种情况下，从人类的可持续发展的意义上来看，从"人类命运共同体"的视野来看，我们应转变生产力发展理念和模式，不仅要"金山银山，也要绿水青山"。积极构建发展与环境之间双赢的关系，坚持发展不动摇，坚持环境保护底线不动摇，在发展与环境保护之间寻求最佳平衡点，学会对自身负责、对环境负责、对后代负责，在发展生产力的活动过程中，力求促使生产资源的可再生性、生产过程的可持续性、生产产品有利于双重主体的安全、健康与良性发展的生态性。

---

① ［美］阿尔文·托夫勒：《第三次浪潮》，三联书店1984年版，第8—9页。

二、坚持共同富裕道路，彰显主流意识形态的比较优势

社会主义的基本特征有两点：一是解放和发展生产力；二是不搞两极分化，坚持共同富裕。共同富裕有两层内涵：一方面要解放和发展生产力，让人民富裕起来，贫穷不是社会主义；另一方面要共同富起来，两极分化也不是社会主义。邓小平曾经指出："社会主义的本质，是解放生产力，发展生产力，消灭剥削，消除两极分化，最终达到共同富裕。"[①] 一方面，改革开放以来，我们所取得的最突出的成绩，就是促使经济快速增长的同时，成功地抵御了国际金融危机和经济全球化的冲击，跃升为世界第二大经济体。但是，另一方面，全党和全国人民都急迫地渴求共同富裕。发展起来后遇到的问题同样难以解决，这些问题集中概括就是如何分蛋糕的问题。截至 2018 年年底我国贫富差距已经出现明显加大的趋势，如基尼系数从改革开放之初的 0.28 已上升到 2018 年的 0.5，已超出 0.4 的国际警戒线，近年来各地频发的群体性事件从根本上说也与此有关。而世界各地出现的各种动荡，归根结底是因为贫富悬殊、两极分化。因此，解决共同富裕的问题，就是解决中国特色社会主义发展所面临的根本问题，这对于巩固和发展党的领导和社会主义制度具有强大的推力。所以，我们一方面要抓住经济全球化之机大力发展经济，另一方面，也要利用共产党执政、财富公有的政治制度资源，大力发展社会福利，确保人人共享发展的成果，增强人民的获得感。唯有如此，社会主义制度才能在群众中产生巨大的凝聚力和向心力，主流意识形态才具有不可抗拒的穿透力和说服力。那么如何实现共同富裕呢？要处理好两对关系，即政府与市场、公有制主体地位与多种所有制并存之间的关系。

首先，要实现共同富裕问题，必须处理好政府与市场之间的关系。如何处理政府与市场的关系是一个世界性难题和课题。在全球化进程中，尽管资本主义发达国家以种种手段和形式大力推行"自由经济"，加紧对不

---

① 《邓小平文选》第 3 卷，人民出版社 2001 年版，第 326 页。

发达国家的掠夺和剥削，但由于本身无法克服的固有矛盾，仍然避免不了产生越来越大的贫富差距和尖锐的社会矛盾，资产阶级政府不断调整策略，缓和社会矛盾，避免社会危机，为资本主义长治久安和经济繁荣奠定良好的基础。西方经济学关于政府职能争议的核心问题并不是国家该不该干预经济，而是政府调控经济的程度大小。由于意识形态的偏见，在处理政府与市场的关系上，我们往往过多强调政府与市场对立的一面，忽视政府与市场互补的一面。我国的市场经济是坚持社会主义前提下的市场经济，政府"有形之手"与市场"无形之手"之间的关系不仅体现了市场经济中自发调节和自觉调节的必要性，而且还关系到社会财富、社会资源和社会机会的分配问题。由于市场经济一方面鼓励"多劳""多得"，遵循的是按贡献进行分配的原则，这有利于资本积累以扩大社会再生产。但由于市场遵循了按劳分配和"多劳多得"原则，实际上也是承认了两个方面的事实：一是资本在市场中的作用；二是个体的能力差别、努力程度及把握机遇等偶然性因素。这些因素正是导致收入差距拉大的主要原因。可以说，在初次分配中市场发挥着主体作用，而收入差距拉大也是实行市场经济的必然结果。因此，社会主义社会的所有制是以公有制为主体的，这在理论上为实现共同富裕奠定了制度基础，但要缩小收入差距、真正实现共同富裕必须发挥政府在二次分配中的主体作用。政府作为分配的主体与市场分配主体不同，具有其特殊性，"即政府的活动不以自身经济利益最大化为目标，也不代表社会的某种特殊利益，而是代表社会的普遍利益。因此，政府要实现的社会经济利益的最大化，从根本上讲就是逐步实现全体人民的共同富裕"[①]。改革开放40年来，我国收入差距拉大，一方面是因为市场所主张的公平竞争原则拉大了收入分配差距，另一方面政府二次分配中没有有效地发挥收入分配公平的职能。因此，要实现共同富裕，需要在政府（二次分配功能）和市场（初次分配功能）两方面的共同作用下，

---

① 陈尚伟、张玲娜：《在把握政府与市场关系中推进共同富裕》，《理论与现代化》，2014年第1期。

强化政府在实现共同富裕上的二次分配职能，将市场限制在有效的范畴内。另外，还要划分市场与政府权力的界限。凡属于经济领域内的范畴，如竞争和等价交换都应交给市场，政府不应该参与。政府需要承担的职能主要包括宏观经济调控、为公共产品提供服务、对市场的监督管理、为社会提供保障等。政府要以社会主义的性质来引导市场，发挥好"看得见的手"的作用，宏观上抓市场调控，微观上抓用法规管理市场，不断壮大实体经济，用正确的决策调控管理市场，以此纠正市场的失灵和副作用。

其次，要处理好公有制主体与多种所有制形式共存之间的关系。我国的社会主义是建立在不发达生产力基础之上的，不仅生产社会化的程度还不高，而且发展还很不平衡，需要在以公有制为主体的前提条件下发展多种所有制经济，以适应生产力的发展要求。资本主义私有制是产生剥削、形成贫富两极分化的经济根源。存在两极分化就不是真正的共同富裕，而要实现共同富裕就必须消除两极分化。因此，只有建立起以公有制为基础的社会主义制度，才可能为消灭剥削、消除两极分化、最终达到共同富裕创造根本条件和必不可少的基础。正如马克思、恩格斯在《共产党宣言》中所指出的：在一定意义上，"共产党人可以用一句话把自己的理论概括起来：消灭私有制"①。生产资料公有制是社会主义社会的本质特征，也是实现共同富裕的前提条件。坚持公有制为主体，能够消灭剥削，使利润为集体所有，避免财富过度集中。而非公有制经济作为社会主义市场经济的重要组成部分，对于建设中国特色社会主义伟大事业具有重要意义。因此，在新时代进程中，应科学处理好二者之间的关系。以公有制为主体的所有制结构的最核心作用有两个：一是使创造出来的财富不是被少数人集中占有，而是属于全体劳动人民；二是发挥多种所有制经济的积极作用，与公有制经济互为补充，形成合力，推动经济快速、健康地发展，为做大"蛋糕"提供物质条件。改革开放后，非公有制经济得到快速发展，"2016年非公有制企业利润达到1.82万亿元，非公有制企业在城镇基础设施投资

---

① 《马克思恩格斯选集》第1卷，人民出版社1995年版，第265页。

所占的比重超过 60%，税收的贡献超过了 50%，GDP 所占比重超过了 60%，就业贡献超过 80%"。[①] 单纯从贡献率来看，非公有制经济的比重的确超过了公有制经济，因此，有人便认为公有制经济不再占主体地位，这种结论是片面的、错误的。因为公有制的主体地位不能仅从形式上和贡献率来看，应该从公有制经济经营性资产占国民经济的比重来衡量，应该以其在国民经济中的实际控制力、竞争力、影响力来判断。进一步说，就是坚持从资产所有者的属性来看公有制经济的主体地位，并不是说公有制经济在就业、产出、GDP 等数据指标方面也占主体地位。事实上，我国公有制经济集中地分布在基础设施方面、公益性行业及关乎国家经济和人民生活的要害部门，属于资本技术密集型产业和公益事业。总之，公有制经济地位体现在其对国民经济的控制力上。因此，当前在我国国民经济中，占主体地位的依然是公有制经济。

由于社会主义初级阶段是一个漫长的发展时期，生产力发展客观上需要多种所有制经济共存，互为补充。作为社会主义经济的必要补充，允许私营企业、外资企业在国家政策的轨道上发展，有利于发展社会主义的生产力，有利于增强社会主义国家的综合国力，有利于提高广大人民的生活水平，从而有利于巩固和发展社会主义，为最终达到共同富裕创造物质条件。随着市场经济的完善发展和所有制结构改革的深化发展，在宏观调控过程中，国家使用了多种公共投资方式，不断把新型资本注入公有制经济中，进而使公有制经济的实现形式多样化。同时，为了大力发展生产力，我国会继续增强非公有制经济的活力，广泛促进非公有制经济在产出、扩大就业及税收等方面的贡献，进而实现公有制经济与非公有制经济在国民经济中交错分布、和谐共处、共同发展的局面。

我们一定要明确二者在国民经济中的地位和二者之间的关系。从思想上，要清醒地认识到公有制经济资产的主体地位是我国社会功能实现的必

---

① 杨新铭：《坚持渐进改革，促进非公经济发展》，《学习与探索》，2014 年第 5 期。

要条件，是实现共同富裕的根本，是社会主义制度的产权基础和物质保障，也是促进非公有制经济发展的主要力量。在实践中，要优化所有制结构，夯实公有制经济的主体地位，激发个体经济、私营企业、外资经济等非公有制经济成分的活力，共同促进国民经济的健康发展。

三、完善社会主义市场经济，发挥主流意识形态的引领功能

实践证明，市场经济是一种能够优化资源配置、提高经济效益的经济运行模式。改革开放的伟大实践实现了社会主义基本制度与市场经济体制的有机结合，极大地解放和发展了社会生产力，为我国社会和广大人民创造了巨大的社会财富；与此同时，社会主义市场经济的发展也为我国主流意识形态建设奠定了物质基础，增添了新的时代内涵，使改革创新的时代精神成为社会主义核心价值观的重要内容。

根据马克思主义的观点，人类社会的发展要经历自然经济、商品经济和产品经济三种社会经济形态，与此相应人的发展也要经历人的依赖性、人的独立性和人的全面性三个发展阶段。其中，商品经济是人类社会从自然经济通向产品经济不可逾越的阶段。社会主义在经历曲折后，终于认识到现实的社会主义必须大力发展商品经济，必须通过市场经济来解放和发展生产力，快速发展社会主义经济；而且只有通过市场商品经济的充分发展才能打破人的依赖性关系，才能打破地域性对人的能力发展的限制，为人的发展创造条件。这一点已被我国社会主义市场经济的发展充分证明。

然而，在市场经济的发展中人们也明显感受到一种困惑，即过去为社会主义所反对的一些社会现象和价值观念在我国已经发生，而且还相当严重。例如，社会成员贫富差距的明显拉大，人们思想中的极端利己主义、拜金主义和享乐主义的蔓延，经济活动中的假冒伪劣、坑蒙拐骗和网络欺诈等屡见不鲜，生产和生活对自然资源的过度利用和对环境的严重污染，社会生活中黄赌毒现象的屡禁不止，以及党内出现的腐败现象等。如何看待这些现象并抑制其蔓延，我们必须深刻把握马克思对市场商品经济所具有的物化和异化性质的分析，对其保持一种批判的维度。马克思主义认

为，在商品经济形态中，人借助于物的力量摆脱了传统社会对人的束缚，使个人在社会中具有了独立性，但个人仍受物化的社会关系的支配和统治。因为，"物的依赖关系无非是与外表上独立的个人相对立的独立的社会关系，也就是与这些个人本身相对立而独立化的、他们相互间的生产关系"。① 正是这种物化性质，使商品经济具有了拜物教的性质，使人的意识和行为受商品、货币这种人所创造的外在客体的支配，使人的欲望、行为及其满足以异化的形式表现出来。因此，从主流意识形态建设的角度，我们必须看到市场经济对人们思想影响的负面效应，看到"搞社会主义市场经济，既是社会主义在实践上的重大创新，也是我们长期面临的严峻挑战"②，而且这种挑战同样存在于意识形态领域。

从发挥主流意识形态的引领功能的角度完善社会主义市场经济，不仅要将社会主义的基本制度与市场经济相结合，也要将社会主义的核心价值观融入社会主义市场经济中，用社会主义核心价值观引领市场经济的健康发展。改革开放以来我国市场化取向的改革，肯定人们对物质利益的追求，极大地促进了社会生产力的发展。但是，市场的利益导向和自利导向，也容易导致物质欲望的膨胀和个人的利益至上，形成"一切向钱看"的价值观。社会主义发展市场经济，发展社会生产力，其目的是为了满足人民日益增长的物质文化需要，并最终实现共同富裕。但由于实现共同富裕在过程上表现为有先有后，也容易导致一些人专为自己的利益而奋斗，而置他人和集体、国家的利益于不顾，甚至损害他人和集体、国家的利益。

改革开放之初，重点是打破平均主义、"大锅饭"，调动人们经济活动的积极性，但对利己主义价值观的膨胀，邓小平也有预判，他指出："我们提倡按劳分配，承认物质利益，是要为全体人民的物质利益而奋斗。每个人都应该有他一定的物质利益，但是这决不是提倡各人抛开国家、集体和别人，专门为自己的物质利益而奋斗，决不是提倡各人都向'钱'看。

---

① 《马克思恩格斯全集》第 46 卷（上），人民出版社 1979 年版，第 111 页。

② 陈尚伟：《马克思哲学中的"以人为本"研究》，学习出版社 2015 年版，第265 页。

要是那样，社会主义和资本主义还有什么区别？"① 随着我国经济的深度发展，用社会主义价值观引领经济的发展越发重要。党的十八大以来，习近平总书记反复强调要树立正确的义利观，而且特别强调在国际合作中要坚持正确的义利观，既要让自己过得好，也要让别人过得好，只有义利兼顾才能义利兼得，只有义利平衡才能义利共赢。

我国经济发展的实践告诉我们，在发展社会主义市场经济中，需要弘扬社会主义核心价值观来引领市场经济的健康发展，处理好效率与公平、竞争与协作、经济效益与社会效益的关系；处理好先富、后富与共富的关系；处理好我国发展与他国发展的关系。只有发挥主流意识形态的引领功能，才能完善我国的社会主义市场经济。

第二节　新时代之政治维度视角下我国主流意识形态建设的对策与路径

全球化客观上要求各国对政治价值和政治规则方面的认识达成一致，拥护以平等、自由、人权、法治等为内容的民主价值，并通过制度的民主化、法治化为政治价值的实现提供保障。这些都给主流意识形态建设带来了深刻影响。同时，西方资本主义国家在全球化进程中兜售其意识形态和价值主张，不断打着民主、人权的旗帜干涉中国的内政，并攻击、否定、歪曲我国的社会主义制度，对我国实施"西化""分化"战略，意在实现资本主义政治制度的全球化，即"全球政治的资本主义一体化"。面对上述影响与挑战，我国主流意识形态建设一方面需要契合现代政治价值，提高自身的合法性；另一方面，要在全球化进程中彰显自身的特色和魅力，为人类政治文明做出贡献。那么我国主流意识形态如何适应现代政治价值要求，而同时又具有自己的特色呢？为此，需要通过塑造良好的国家形象，优化我国主流意识形态建设的外部环境；加快推进国家治理现代化进

① 《邓小平文选》第2卷，人民出版社1994年版，第337页。

程，丰富我国主流意识形态的时代内涵；加强党对意识形态的管理能力，固牢我国主流意识形态建设的组织基础。

一、塑造良好的国家形象，优化主流意识形态建设的外部环境

在新时代背景下，各国政治的相关性、互动性增强，一国的意识形态建设越来越受到外部环境的影响和制约。国家形象如何，事关一个国家在国际上的声誉和地位，直接影响世界范围内的人心向背，甚至关乎国家的生死存亡。当前，世界上所有国家都格外重视自身形象的塑造，都把树立良好的国家形象作为国家战略的重要部分。对中国而言，塑造中国和平发展的大国形象，具有政治、经济、文化和意识形态安全的多重意义。一方面，国家形象是国家综合国力的重要组成部分，是一种国家软实力，是一种竞争能力，塑造中国和平发展的大国形象有利于中国的和平发展，有利于减轻我国主流意识形态建设的外部压力。另一方面，由于我国是当今世界上最大的社会主义国家，以美国为首的西方社会对我国的社会制度依然抱有强烈的偏见，不断利用各种手段和途径对我国施压，极尽丑化中国形象之能事。尤其美国是世界上唯一的超级大国，并且拥有占绝对优势的传媒力量，在很大程度上引领着国际社会对我国的舆论导向，对中国国家形象的歪曲严重误导了国际社会对中国的正确认知。鉴于以上两个方面的原因，塑造良好的国家形象具有重大的现实意义，不仅能够让世界了解真正的中国，而且也能为我国主流意识形态建设赢得良好的外部环境，获得更多国家的理解与支持。在新时代背景中塑造良好的国家形象，需要有人类整体利益观、全球价值观的新理念，需要构建合作共赢的新型国际关系，需要坚持走和平发展的道路。

首先，坚持人类整体利益观、全球价值观的新理念，是塑造良好国家形象的思想前提。随着新时代的深入发展，客观上会形成不同国家和民族之间"你中有我，我中有你"的局面，往往是一荣俱荣、一损俱损。然而，许多国家还没有跳出国家本位、民族本位的习惯定势，甚至抱着冷战思维不放，以本土化或狭隘的民族化行为参与全球化进程，在忽视甚至损

害他国利益的前提下去谋求本国利益，因此，在全球化的政治实践中，真正意义上的人类整体利益观念和全球价值观也极度缺失。我国作为发展中的社会主义大国，在全球化的进程中，在相当长的时间内处于弱势地位，对于由资本主义主导的全球化所带来的负面效应感同身受，为此，要求各国在追求本国利益的同时必须充分考虑他国的利益进而考虑全球利益。全球性问题的凸显也要求各国放弃意识形态偏见和政策分歧，采取共同的一致行动加以解决应对。从国与国的命运共同体、区域命运共同体到人类命运共同体，这一全球价值观，从中国政府的一种意识，演变为中国外交的崇高目标和对外行动原则。中国政府的积极倡导并实际践行，赢得了世界的广泛认同，树立了真实可信的国家形象，也使得我国主流意识形态越来越多地得到世界认同。

其次，努力构建合作共赢的新型国际关系，是塑造良好国家形象的核心内容。在全球化进程中，国家之间的关系是国际体系的重要部分，也是构建国际政治新秩序的基础和前提。当今的世界政治由资本主义主导的本质没有变，仍然体现为资本主义对社会主义的打压与侵蚀，少数发达国家对于多数发展中国家和贫穷落后国家的控制与掠夺，是一种严重的政治不平等不公正。我国作为全球化的后发国家，以其独特的成功实践，深刻地影响着这一不公正、不合理、不平等的全球化进程，对现有的国际秩序和国际关系提出了挑战。随着新时代的深入，各国政治交往日益扩大和深入，各国政治生活的相关性日益增强，政治主体的多元化、多边性的存在是不争的事实，因此，维持世界长久和平的唯一选项就是在相互尊重中实现合作共赢。应对全球化，除国家在经济、军事上的硬实力外，也要有足够的政治智慧和能力。在世界的多边关系中，大国是国际关系的主要行为体，大国关系决定着国际政治关系的状况和走势。因此，需要摒弃零和思维，打破丛林法则，以平等互信为基础来建立新型大国关系，并以此来推进以合作共赢为核心的新型国际政治关系。在"一球两制"长期共存的现实条件下，中国和美国是当今世界上两个重要的大国，构建中美新型大国关系是指两国不仅要有效管控各自的分歧，在相互依存中维护彼此的核心利益并开发共同利益，而且还要在全球治理中共同承担国际责任。其中一个重要的任务是面对全球性共同问题的共同治理，共同应对诸多地区和全球性挑战。当然构建新型大国关系，不仅仅局限于中美之间，还要处理好中俄、中日、中国和欧盟等关系，简而言之，中国在处理与世界大国关系时要以实现双赢和共赢为目标，在塑造未来的国际体系中深化合作。

最后，坚持走和平发展道路，是塑造良好国家形象的本质要求。中国作为发展中的社会主义国家，既要以开放来实现自身的经济发展，也要在开放中完善自身的制度体制建设，并逐渐展示社会主义的比较优势。随着我国经济的发展，中国与其他国家（特别是周边国家和资本主义国家）在利益上的矛盾与冲突将会更加复杂。中国要明确和宣扬自己所秉持的基本价值观，在坚持独立自主、对外开放的前提下，处理好中国发展与世界各国发展的关系，实现中国自身发展与世界各国的共同发展的有机统一。改革开放以来的伟大实践充分说明，中国的发展是和平的、文明的、互利的，是以和平发展、互利互惠、合作共赢、共同繁荣、和谐相处、包容互鉴等新的价值观来推动新时代进程的。一些国家之所以对中国道路产生误解，除了不认可中国的制度模式（特别是政治制度）外，也是因为它们以固有的思维方式来看待中国的崛起所致。由于资本主义国家崛起的逻辑是"竞争至上""弱肉强食""国强必霸"，因此认为中国也不可能跳出这一逻辑。这恰恰是制造"中国威胁论"的心理根源。针对这种情况，中国除了要明确自身发展所秉持的基本价值外，也要在国际舞台上积极阐明和宣扬中国发展的基本价值观，树立中国"和平的、可亲的、文明的"大国形象，让世界上更多的国家、更多的人了解和认同中国的和平发展道路。在这一过程中，我们既要善于学习借鉴资本主义文明的有益成果，也要坚持走符合本国国情的发展道路。因此，一方面在处理国际关系中要坚持维护本国利益，这是我们对外活动的出发点和落脚点。另一方面，作为负责任的社会主义大国，我们要使中国的发展与世界各国的发展相容互利，实现和谐相处，共赢发展，促进国际关系的健康发展。

二、推进国家治理现代化进程，丰富主流意识形态建设的时代内涵

四十年的改革开放使我国在经济方面取得了不俗成绩，在政治体制改革方面也取得了一些显著成绩，但当前政治体制改革中仍存在着一些问题，美国等西方国家利用这些不足，无限放大我国改革开放中出现的问题和失误，进而攻击、否定我国的政治制度。为回击美国等西方发达国家对我国政治制度的攻击，适应社会发展的新要求，我国提出了全面改革的总目标：即实现国家治理现代化。这是新形势下我国主流意识形态应对挑战的具体思路。这是因为：第一，民主化、法治化是国家治理现代化的题中应有之义，契合现代政治价值要求。第二，国家治理现代化是实现对社会主义社会治理的现代化，是具有中国特色社会主义国家治理的现代化。那么如何推进国家治理现代化进程呢？加快社会主义法治建设，提高主流意识形态的合法性，这是实现国家治理现代化的核心要求。推进协商民主建设，提高我国主流意识形态的亲和力，这是实现国家治理现代化的价值追求。

首先，加快社会主义法治建设，提高主流意识形态的合法性。我国将依法治国确立为国家治理的方略，法治成了社会主义核心价值观的主要内容之一，成了执政党的意识形态内容。法治是国家治理现代化的基本方式，在推进国家治理现代化中处于基础性地位。从理论上来看，法治应是国家治理现代化的题中应有之义。也就是说国家治理应在法律的框架下，进行依法治理。但在实践中，国家治理在许多方面还存在法律缺位和法律不能有效实施等问题，如公共权力还未受到有效的制约，官员的腐败和特权还比较严重。另外，执法不严、执法犯法，司法不公、司法腐败问题也是近年来比较突出的问题，因此，加快社会主义法治建设不仅是摆在我们面前的一个紧迫的现实问题，而且也是提高我国主流意识形态合法性的内在要求与外在契合。另外，我国主流意识形态统领全局的作用必须是在国家法治的框架内才能得以发挥。主流意识形态所倡导的社会主义民主、人的自由全面发展，要依靠法律法规将其法律化和制度化，要具有强制性，

才可以做到对民主的维护、对人权的尊重和对自由的保障。西方政党也是通过法律手段来规约和强化意识形态的。伴随着社会主义改革的不断发展，经济格局、利益分配方式及社会阶层结构也相继发生了巨大的变化，人们的思想观念和价值观趋于多元化。同时，西方敌对势力对我国意识形态渗透甚嚣尘上，而且渗透的技术也非同一般，具有隐蔽性、欺骗性和高技术性。另外，随着网络化和信息化的发展，各种社会舆论和意识形态依托网络平台和各种新媒体得以广泛的传播，以马克思主义为指导的主流意识形态面临严峻的挑战和威胁。为了确保主流意识形态的主导地位，确保社会主义事业的正确方向，需要有健全的法律为其提供保障，才能有效调控社会上的各种矛盾与问题。加大法治工作力度，不但有利于提升社会行为的规范性，而且通过法律手段可以优化社会风气，保障意识形态的"话语权"。只有通过法律的规范才能使主流意识形态真正合法化，从而成为民众的普遍意志，这样才能使民众在面对多元的价值取向和诱惑时进行正确的价值选择。

那么，我们该如何加快社会主义法治建设呢？第一，要以社会主义法治体系的制度力量保障国家治理的现代化。其中最核心的是要将宪法作为法治建设顶层设计的思想理论源头和制度安排的逻辑起点。法治建设就是要坚持宪法至上，在国家治理的过程中以正义、秩序、人权的基本宪法价值为指引，确保国家的各项工作在法治的轨道上顺利开展。第二，在国家治理活动中的治理者和被治理者之间建立起具有权利义务内涵的互动关系，充分调动国家治理活动中所有治理要素的主动性和积极性，在国家机构、国家机关之间、国家机关与社会组织和公民个人之间建立起更好的信任、支持和合作关系，围绕着法治中国这一重要时代主题，共同努力实现中国梦和中华民族伟大复兴的理想。第三，营造社会主义法治建设的人文环境。这要求我们破除根深蒂固的"管控"思维，强化"合作共治"意识、民主协商意识、"良法"与"善治"互动意识，运用法治思维和法治方式化解社会矛盾。坚持综合治理，强化道德约束，规范社会行为，调节利益关系，协调社会关系，总之，要使法治理念、法治精神、法治文化内化于心、外化于行。

其次，推进协商民主建设，提高我国主流意识形态的亲和力。社会主义民主政治的核心是人民当家作主。如何将社会主义政治的核心理念落到实处，实际上也是社会主义国家治理现代化所要解决的问题，因此，社会主义国家治理现代化就要实现民主治理，这不仅是国家治理现代化的基本要求，而且也是我国主流意识形态的重要内容。党的十八大报告提出"健全社会主义协商民主制度"的命题，提出"社会主义协商民主是我国人民民主的重要形式"的论断。十八届三中全会的《中共中央关于全面深化改革若干重大问题的决定》确立了协商民主在社会主义民主政治制度建设中的重要地位，指出"协商民主是我国社会主义民主政治的特有形式和独特优势，是党的群众路线在政治领域的重要体现"，而且对协商民主的广泛、多层、制度化发展做出了具体的阐释和部署。这样，协商民主就由一种民主形式上升为一种制度形式，从而成为国家政治体制的重要组成部分，这是中国特色社会主义民主政治理论的重大创新与突破。这一理论的正式确立，将推进社会主义协商民主在实践中广泛、多层和制度化的发展，不仅能提升现代民主政治的层次，创造具有中国特色的社会主义民主模式，而且能有效抵制西方民主对我国内政的干扰和对我国主流意识形态的侵蚀。

社会主义协商民主的直接含义就是，人民通过协商参与公共事务，以实现人民当家作主。我国的社会主义协商民主与西方的协商民主有相似之处，但也有本质的不同。西方的协商民主主要是一种理想追求和理论设计。由于西方民主制度最根本的形式是代议制，其实质是精英民主或竞争性民主，并不是"人民当家作主"，而是某些人通过选票代替人民做出决定、制定公共政策、管理国家事务。协商民主正是针对代议制民主的缺陷，倡导人民直接参加公共事务，但这始终停留在理论的讨论和设计层面，并未真正实行。中国的协商民主在若干领域已从理论层面上升为制度安排，尤其是中国政治协商制度为协商民主的健全发展奠定了良好的基础。另外，在行政、立法、党群关系、基层治理方面，我国的政治文化中均体现出了协商民主的品质，所以说，我国的协商民主与西方的协商民主

第五章 新时代背景下我国主流意识形态建设的对策与路径

有本质的不同。

那么，我们该如何推进社会主义协商民主建设呢？首先，要以民主集中制为指导原则，这是因为，一方面，民主必须是集中指导下的民主，所有的协商必须着眼于坚持中国特色社会主义道路、制度和体系，有利于人民群众有序参与政治，实现和体现人民当家作主。不是想协商什么就协商什么，想怎么协商就怎么协商，更不能为了推进基层领域的民主协商而跟政府唱对台戏，而是要发挥集思广益、群策群力的作用，最终为实现社会主义民主而服务。另一方面，集中是民主基础上的集中，是以增进共识为主要目的，以求同存异为基本理念，以广泛参与为重要条件，换句话说是在广开言路、尊重差异的基础上寻求最大公约数。因此，社会主义的协商民主是着眼于公共利益最大化，着眼于公共决策最优化，通过广纳群言、广集民智，最终实现增进共识，凝心聚力。其次，建设中国的协商民主要充分利用好本土资源，要将中国传统政治文化中的协商意识、协商元素、协商途径制度化，大力宣传推广地方创新公共事务管理的成功经验，建立具有可操作性的参与平台，探索和建立符合中国国情、真正体现民主本质的协商民主模式。最后，重视西方协商民主理论的合理成分，吸收人类政治文明的优秀成果。其中西方协商民主理论家所设想的具有开放性、公共性、平等性的议事平台和制度安排对我国协商民主建设具有重要的参考价值。

三、加强党对意识形态的管理能力，固牢主流意识形态建设的组织基础

随着新时代的推进和市场经济的完善，党的执政环境发生了深刻的变化，党对意识形态的管理能力也面临着各种挑战。因而提高党对意识形态的管理能力，不仅关系到党能否牢牢把握意识形态领域的领导权和主动权，而且也关系到党的生死存亡、社会主义事业的兴衰成败和中华民族的前途命运。一个执政的党为了能执掌好政权和巩固执政地位就必须利用自己的意识形态资源，构筑起执政的精神文化支撑。而党对意识形态的管理

和掌控能力越强，主流意识形态为党提供的合法性功能就发挥得越好，从而能进一步夯实和巩固党的执政地位。党的意识形态工作自诞生之日起就紧密围绕党的事业而展开，随着党在不同历史阶段的目标任务和形势需要，不断做出战略性调整和适应性转变。现在，意识形态工作的环境、对象、范围、方式发生了很大变化，但意识形态工作的根本任务没有变，也不能变。习近平同志强调，"意识形态工作就是要巩固马克思主义在意识形态领域的指导地位，巩固全党全国人民团结奋斗的共同思想基础"①。两个"巩固"进一步明确了意识形态工作"干什么"的问题，对于充分发挥意识形态工作的"强基固本"功能具有重要指导意义。

党对意识形态的管理能力主要是指，在马克思主义的指导下，遵循正确的意识形态工作方针，建立科学的工作机制，制定有效的计划和策略，带动人民广泛参与到社会主义事业的建设中，最终实现中华民族的伟大复兴。那么在政治新时代进程中如何提高党对意识形态的管理能力呢？加强党的思想理论建设是提高党对意识形态管理能力的根本要求；构建科学高效的意识形态管理体制是提高党对意识形态管理能力的制度保障；培养一批政治强、业务精、作风优的意识形态管理工作队伍是提高党对意识形态管理能力的关键力量。

首先，加强党的思想理论建设是提高党对意识形态管理能力的根本要求。党的思想理论建设是马克思主义政党的"灵魂"建设。党的思想理论建设的现实水平直接影响着党的执政能力的状况和水平，影响着党对意识形态领域的管理能力。思想建党和理论建党是党的优良传统和政治优势，不断运用先进的思想武装和科学的理论指导是党的看家本领。党的先进性是党的生命线，党的先进性取决于政治上的坚定性、组织上的纯洁性和理论上的先进性。保持党的先进性，必须把党的思想理论建设放在党自身建设的首位，思想上不断有新解放，理论上不断有新发展，实践上不断有新创造。因此，只有毫不放松地做好思想理论建设工作，始终保持政治上的

① 《习近平谈治国理政》，外文出版社 2014 年版，第 153 页。

清醒和理论上的先进，才能做好意识形态建设的管理工作。

其次，构建科学高效的意识形态管理体制是提高党对意识形态管理能力的制度保障。我们党在长期建设及改革时期已构建了稳定的、成熟的意识形态管理体制，主要有从上到下覆盖全社会的管理机构，具体有从中央到地方的各级党委宣传部门，国家和地方各级政府的新闻、出版、文化等管理部门，工会、共青团、妇联等群众团体，还有这些机构指导和协调的各种媒体、全国大中专院校和各类中小学等教育部门，以及哲学社会科学、文学艺术等学术社团。整体来说，已形成党对意识形态管理的大格局。这种意识形态管理体制，从总体上讲是健全的、完备的，党对整个思想战线的领导是坚强有力的。但是也应该看到，现有的意识形态管理体制还不能完全适应思想文化发展的需要，需要进一步改革和创新。改善意识形态管理的组织结构，必须处理好坚持统一与坚持多样性的关系。坚持统一性，就是与党中央保持一致，按中央政策办事。意识形态管理要把围绕中心、服务大局作为基本职责，始终根据党的路线、方针、政策有针对性地开展工作。坚持多样性，就是从中央到地方的各个管理部门都要根据各自的特点和实际，灵活主动地开展工作。要改变以往从上到下逐级部署任务的习惯与传统，实行扁平化管理，提高党对意识形态管理工作的效率。另外，还要健全政工干部专职专责和业务干部"一岗双责"的工作制度，克服"两张皮"现象，形成意识形态工作与各项业务工作良性互动、双向促进的局面。

最后，培养一批政治强、业务精、作风优的意识形态管理工作队伍，是提高党对意识形态管理能力的关键力量。党对意识形态的管理，一方面需要构建科学高效的管理体制，另一方面，好的制度需要高素质的人才能发挥其效能。制度具有长远性、根本性，但在制度确定后人就是关键。所以，加强党对意识形态的管理能力，在构建科学高效的管理体制基础上，还要打破常规，统筹规划，努力打造政治强、业务精、作风优的高素质马克思主义人才方阵。首先，必须把马克思主义理论人才队伍建设这一基础工程紧抓不放。着眼长远，加强对拔尖人才的重点扶持和学术新秀的重点培养，造就一批政治坚定、学贯中西、勇于创新，在国内外具有广泛影响力的马克思主义理论大家、名家，造就一批马克思主义理论功底深厚、熟悉世情党情国情、具有创造活力的中青年理论人才和各学科各专业的领军人物，形成结构上老中青梯次配备、学科专业上全面覆盖的人才格局；立足实践，加强对任职于外事部门中的杰出理论人才的重点栽培，造就一批马克思主义信仰坚定、精通中国特色社会主义理论体系、掌握当今世界发展趋势和各国的基本情况、善于在国际舞台上维护我国形象和权益的外向型理论人才。其次，重点加强党的思想文化宣传工作队伍的建设。党的各级宣传部门是意识形态建设与传播的核心要害部门，因此，客观上对这支队伍的要求较高。一方面，要求党的宣传工作队伍不仅要掌握我国社会主义初级阶段的基本国情，了解社会主义社会建设的规律和人类社会发展的规律。另一方面，还要对复杂现实形势做出综合分析和判断，能够采取综合措施，加强思想教育、推动制度建设、促进工作落实。总之，要不断加强意识形态宣传工作队伍的业务学习和思想作风建设，进一步提高他们的思想政治素质和工作水平。

第三节　新时代之文化维度视角下我国主流意识形态建设的对策与路径

在新时代背景下，我国主流意识形态仍面临着西方话语霸权、文化霸权以及自身增强吸引力和凝聚力的挑战。因此，需要根据新时代的时代条件进行一系列与之相适应的战略性调整，不断增强和提升中国特色社会主义文化的生命力和感召力，巩固马克思主义在意识形态领域的指导地位。我们要以建设中华民族共有精神家园为主题，增强主流意识形态认同；以推进文化创新为关键，增强主流意识形态活力；以提高文化传播力为重点，提升主流意识形态影响力。

一、以建设中华民族共有精神家园为主题，增强主流意识形态认同

建设中华民族共有精神家园不仅是建设社会主义和谐社会、实现中国梦的需要，而且也是增强我国综合国力，应对新时代文化冲突，维护主流意识形态安全的需要。人作为一种特殊的存在物，不仅离不开物质意义上的家园，更需要精神意义上的家园。精神家园是人类特有的一种精神生活方式，是人之所以成为人、民族之所以成为民族以及人类安身立命的根本所在。没有精神家园的人，犹如行尸走肉。正如黑格尔说的那样："就像是一座庙，其他各方面都装饰得富丽堂皇，却没有至圣的神那样。"① 从社会发展的角度来看，精神家园既是促进经济社会发展的手段，也是实现经济社会发展的目的。就手段而言，精神因素对经济社会发展的推动作用早已为思想家所认可。马克思、恩格斯在晚年时也反复强调，人类社会的进步不仅只是生产力发展的结果，而且还要受到精神因素的制约。在《新教伦理与资本主义精神》一书中，马克斯·韦伯也指出："经济社会的发展，不仅要受到技术和制度创新的促进，而且在很大程度上还要受到精神力量的推动。就目的而言，精神生活是人类生活的重要组成部分，精神因素的发展是人类发展的题中应有之义。"② 可以说，人类社会发展的历史证明，一个民族在物质上不能贫困，在精神上也不能贫困；只有在物质上和精神上两个方面都富有的民族，才是一个真正具有强大生命力、凝聚力的民族。习近平总书记在同全国劳动模范代表座谈时指出："实现我们的发展目标，不仅要在物质上强大起来，而且要在精神上强大起来。"③ 当然，我们不能重返那已经衰败的古老的精神家园，因为那已不适合现代生活。但是，为了安顿自家心灵，我们还必须探寻一种既具有回家了的亲切感且又

---

① 〔德〕黑格尔，杨一之译：《逻辑学》上，商务印书馆 1966 年版，第 2 页。

② 〔德〕马克斯·韦伯，丁晓、陈维纲等译：《新教伦理与资本主义精神》，生活·读书·新知三联书店 1987 年版。

③ 习近平：《习近平谈治国理政》，外文出版社 2014 年版，第 46 页。

适合于现代共有精神家园的可能性。这种现代共有精神家园无疑还不是现成的存在，因而必须通过我们的精神劳作去创造出来。这一创造若能获得成功，不仅国人漂泊已久的心灵可以得以安顿，也不仅能够一举扭转近代以来东方文化的受动局面，实现东西方文化的平等，而且还能够由此而为各非西方民族树立起一种文化再生的典范，以此为实现各民族文化平等相处的和谐世界贡献力量。

构建中华民族共有精神家园，要以中华民族优秀传统文化为"地基"，以社会主义核心价值观为"支撑"，以中国梦为"魂"。这样的"精神家园"才能够坚固、丰富且有灵性，才能够安顿自家心灵。

第一，构建中华民族共有精神家园，要以中华民族优秀传统文化为"地基"。绵延五千多年的中华民族文明史，创造了博大精深的中华文化。博大精深、源远流长的中华文化，积淀着中华民族最深沉的精神追求，包含着中华民族的宝贵精神品格，支撑着中华民族薪火相传、发展壮大。"优秀传统文化是一个国家、一个民族传承和发展的根本，如果丢掉了，就割断了精神命脉"[①]，可以说，以儒学为主干的中国传统文化是中华民族共同的精神财富和骄傲，是中华民族生生不息的力量之源，是我们在当今世界文化相互激荡中站稳脚跟并走向"文化强国"的定海神针。在构建共有精神家园的实践中，我们可以从中华优秀传统文化中得到许多启发，直到今天，当下中国人的现实生活依然广泛而深刻地受着它的影响。诸如"自强不息、厚德载物"的人生态度、"己所不欲、勿施于人"的行为准则、"天人合一""内圣外王"的精神境界、"和而不同""和实生物"的价值追求、"天下兴亡，匹夫有责"的爱国激情等，这是凝结千百年来中华民族的生活经验、生存智慧的结晶，是流淌在每个中华儿女身体之中的精神血液。构建中华民族共有精神家园，必须立足于中华优秀传统文化的根基之上，方能在世界文化激荡中站稳脚跟。正所谓"不忘本才能开辟未

---

① 习近平：《在纪念孔子诞辰 2565 周年国际学术研讨会上的讲话》，《人民日报》，2014 年 9 月 25 日。

来，善于继承才能更好地创新和发展"。

第二，构建中华民族共有精神家园，要以社会主义核心价值观为"支撑"。构筑牢固的精神家园，不仅需要中华民族优秀传统文化奠定牢固的"地基"，而且还需要强大的支撑，而社会主义核心价值观正是这样的"精神支撑"。社会主义核心价值观扎根于中华文化丰厚的土壤里，具有蓬勃的生命力，是中华民族精神的当代新表述。社会主义核心价值观集中展现了中华民族的崭新精神面貌，即我们要建设的是"富强、民主、文明、和谐、美丽"的社会主义现代化国家，享受的是"自由、平等、公正、法治"的社会主义社会环境，全体公民践行的是以"爱国、敬业、诚信、友善"为核心内容的道德规范和道德原则。社会主义核心价值观能够树立积极向上、健康有活力的正价值和正能量，能给社会成员带来安身立命之所系的家园感，能为国家建设和社会发展提供正确的、先进的、根本的价值导向和理想信念，能够统领各个领域、各个层次的具体的价值观念，实现国家富强、民族振兴、人民幸福的奋斗目标。因此，积极倡导和宣传社会主义核心价值观是构建中华民族共有精神家园"画龙点睛"式的升华。

第三，构建中华民族共有精神家园，要以中国梦为"魂"。实现中华民族伟大复兴的中国梦是现阶段中华民族共有精神家园的集中体现，它形象地表达了实现中华民族伟大复兴的理想，深刻揭示了个人幸福梦与民族复兴梦的辩证统一关系，深刻揭示了中华民族复兴与人类和平发展的良性互动关系，给全体中华儿女以巨大的思想引领和精神激励。构筑中华民族共有精神家园必须突出"中国梦"这一重要主题。"中国梦"与社会主义核心价值观有内在联系，正如习近平总书记在主持中共中央政治局第十二次、第十三次集体学习时先后指出，"中国梦意味着中国人民和中华民族的价值体认和价值追求"，"对它的宣传和阐释，要与当代中国价值观念紧密结合起来"。因此，构筑中华民族共有精神家园，就是要以实现中国梦为目标，以实现国家富强、民族振兴、人民幸福为共同理想，弘扬中华民族精神，倡导社会主义核心价值观，凝聚中国力量。

二、以推进文化创新为关键，增强主流意识形态活力

文化与意识形态关系密切，意识形态是文化的核心。在新时代进程中，各个国家、民族的文化不断突破各自的地域界限和模式的局限性而走向世界，在这种多元文化和各种意识形态互动和交锋的态势中，我国文化要积极汲取人类多元文化中的有益成分，加强自身的创新，进而增强主流意识形态的活力。

中华文化博大精深、独具风韵。一部中华文化发展史，既是一部文化继承史，也是一部文化创新史。自中国共产党成立那天起，她就勇敢地肩负起中华优秀传统文化的忠实传承者、积极倡导者和发展者的光荣使命，团结带领全国各族人民坚持古为今用、推陈出新，不断以思想文化新觉醒、理论创造新成果、文化建设新成就推动党和人民事业向前发展。在新的历史条件下推进文化改革发展、建设社会主义文化强国，同样需要我们大力弘扬改革创新的时代精神，在继承中华优秀传统文化的基础上，大力倡导和推进文化创新。在新时代背景下，实现文化创新需要以文化自信为前提，需要立足于中国特色社会主义伟大实践，需要深化文化体制改革。

第一，提升文化自信是文化创新的前提。文化自信是一个民族、一个国家以及一个政党对自身文化价值的充分肯定和积极践行，并对其文化的生命力持有的坚定信心。在传统社会，由于人们生活在相对固定的社会环境和文化环境中，接受认同的是祖祖辈辈沿袭下来的传统文化。但进入现代社会后，情况发生了重大变化，各种文化冲击混淆人们的思想观念和价值观，以致出现"我是谁"的问题，在这种情况下文化自觉和文化自信问题也日益凸显。"文化自觉"是费孝通在《文化的生与死》一书中提出的概念。他认为，"文化自觉"是当今世界多种文化的交流接触而引起人类心理的诸多反应。文化自信是指不仅要对自己的文化有清醒的认知，而且还要对异己的文化有所认识，因为对异己文化的认识可以为本民族文化的自觉认知提供新的参照物和新的视角。这样，可以为本民族的文化发展注入新的思想，带来新的模式，并且有可能促使新的文化精神的生成，进而

实现本民族文化的发展和创新。但是在文化实践中能做到文化自信并不是一件容易的事情。因为要认识自己的文化，了解所接触到的多种文化才有条件在这个正在形成中的多元文化的世界里确立自己的位置，经过自主的适应，和其他文化一起，取长补短，共同建立一个有共同认可的基本秩序和一套与各种文化能和平共处、各抒所长、联手发展的共处守则。可见，文化自信的根本目的是提高文化主体的自主适应力，加强文化自主创新能力，进而取得适应新环境、驾驭人类文化发展趋势的文化自主地位。

新时代既对文化自信和文化创新提出了更高的要求和挑战，也为促进文化自信与激发文化创新提供了更广阔的发展空间。那么在新时代背景下如何通过文化自信促成文化创新呢？

首先，要强化文化的自我意识或主体意识。在文化上走出主体性的迷雾，清醒地认识自我，合理地引导文化的发展。同时将文化主体意识作为驾驭普遍模式和特殊要求的核心观念，否则，文化创新就会丧失相应的价值支持和引导。20世纪探寻中国文化出路的历史和教训已证明，要使中华文化健康发展，就不能割离自身的传统。对于传统不仅要正面面对，而且要挖掘传统资源以明确文化主体意识，作为我们文化创新的原动力。这是文化自信的要义。这种文化主体意识，就是要深入认识自身文化，做到有自知之明。那么如何认识自我，如何做到自知之明呢？马克思曾经指出："人来到世间，既没有带着镜子，也不像费希特派的哲学家那样，说什么我就是我，所以人起初是以别人来反映自己的。名叫彼得的人把自己当作人，只是由于他把名叫保罗的人看作是和自己相同的。因此，对彼得来说，这整个保罗以他保罗的肉体成为人这个物种的表现形式。"[1] 这段话告诉我们认识自身文化的一个重要的方法，就是要跳出"自我"，从"关系"中来看待和识别自我。也就是说要在全球文化的交流与联系中认识自身文化。只有具有了较强的文化自我意识，才会有文化自信，进而不会因异质文化的"指手画脚"质疑自我时而自卑，也不会因持有文化优越感而"一

---

① 《资本论》第1卷，人民出版社1975年版，第67页。

叶障目"。

其次，要正确理解各种文化的差异性，增强包容性。在全球化进程中，各个国家和民族从不同文化视角出发，对世界的理解和诠释是有内在区别的，有时甚至是大相径庭的，然而它们却在同时共同解释着历史与现实。文化的差异性能够让我们深刻意识到现实的处境，在比较中确立自己的文化身份认同，让我们更清晰地申明自己的立场，理解旁观者的态度，这种对文化自身反思和创造的过程是对文化自信的最佳诠释。因此，应当加强对多样性文化的认可与对外来文化的包容，认识到不同的文明往往是不同的话语体系，但不同的话语体系背后往往是人类共同的追求。人类这种共同的文化和价值追求超越特定的种族和文明，代表着人类文化的自我发展与超越性张力，是人类生存和文明存续的普遍需求。

最后，加强文化反思意识，批判地继承人类文化传统。新时代是"信息爆炸"的时代，对外来文化的移植和借鉴，使得各种社会思潮、文化元素充斥人们的头脑，巨大的信息量导致人们在思想上来不及消化和吸收，在行动上却已然快速地完成了"文化消费"。这种快速的文化消费是未经过理性思考的，因而一定程度上会导致传统精神和思想内涵的缺失，造成了文化传承的断裂。面对这些现象，文化主体应当既要看到文化交流的合理性与必然性，也应不断进行文化反思和文化批判。要加强本民族文化与世界文化的理解与互动，主动吸纳世界先进文明，期待通过异质文化的"牛虻"唤醒文化传承中失传的"思想细胞"，对传统思想进行创新性和时代化的重塑。因此，我们对异质文化应"取其精华、去其糟粕"，挖掘其富有价值内涵、具有吸引力的文化形式，让更多的富有价值和生命力的文化元素进入我国主流文化之中，实现民族文化的创新，增强文化的时代竞争力，获取世界舞台上的文化话语权。在全球性的文化竞争中，我们有理由相信，有着悠久辉煌历史的中国文化一定能够开辟出一条更好的文化自信和创新之路。

第二，立足中国特色社会主义伟大实践是文化创新的根本。马克思主义基本原理告诉我们，一切认识都来源于实践。因为人类认识的任务就是要获得关于客观事物的正确认识，从而透过客观事物的现象，以把握其本质。然而，客观存在着的事物和现象是不会自动反映到人的头脑中来的，客观事物只有在成为人们的实践对象时，才能成为人们的认识对象，为人们所认识。从人类认识的历史来看，任何认识的产生，从最终意义上来说，都来自实践。正如毛泽东所说："如果要直接地认识某种或某些事物，便只有亲身参加到变革现实、变革某种或某些事物的实践的斗争中，才能触到那种或那些事物的现象，也只有在亲身参加变革现实的实践的斗争中，才能暴露那种或那些事物的本质而理解它们。"① 历史上无数事实也表明，一个人一旦脱离实践，即使是天才也不可能获得新知识，牛顿从生活实践出发，发现了力学三定律，奠定了经典力学的基础。但在晚年，由于脱离实践，热衷于宗教，他在科学上不再有新建树。

马克思主义学说之所以是与时俱进的，从根本上来说是因为马克思主义是来源于社会实践，并从实践出发去认识和改造世界的。早在马克思主义创立之初，马克思就宣布"我不主张我们竖起任何教条主义的旗帜"，"新思潮的优点就恰恰在于我们不想教条式地预料未来，而只是希望在批判旧世界中发现新世界"②。马克思、恩格斯创立的学说在其长达半个世纪的发展过程中，总是竭力将理论与不断发展的时代需求、与不断发展的实践需求相结合，并在这种"结合"的基础上进行理论的再创新，因而，马克思、恩格斯不仅突破了前人，也突破了自身，不仅超越了以往意识形态，也使其学说不断创新。

文化的发展需要继承传统，也需要立足于实践的发展。文化发展尽管有历史继承性，但是，归根结底要受到当前社会存在及其历史发展的制约的。人们只能在继承下来的条件下进行文化创造。正如马克思所说："人们自己创造自己的历史，但是他们并不是随心所欲地创造，并不是在他们自己选定的条件下创造，而是在直接碰到的、既定的、从过去承继下来的

---

① 《毛泽东选集》第1卷，人民出版社1991年版，第287页。
② 《马克思恩格斯全集》第1卷，人民出版社1956年版，第416—417页。

条件下创造。"① 当代社会主义新文化的主要内容，只能来自中国特色社会主义的实践，而不能从旧的传统观念的母体中孕育生长出来。中国特色社会主义实践是中国特色社会主义文化的真正动力和源泉。可以说，中国特色社会主义伟大实践是当代中国文化建设的基础。

在当今世界全球化的大趋势下，各种思想文化交融碰撞，民族的、本土的文化传统具有不可替代和复制的重要价值，同时也面临被边缘、取代、衰落甚至消亡的危险。这既为我国文化发展带来挑战，也为我们进行新的文化创造提供了无比丰富的内容、题材和主题。因此，我们必须具备全球视野，着眼于中国特色社会主义建设实践，研究新情况，解决新问题，形成新认识，做出新概括，开辟新境界，为我国文化创新发展注入新的活力。一方面，要着眼于世界文化发展的前沿，汲取其优秀合理成分为我所用，不断推进我国文化内容形式等方面的创新，不断增强我国文化的整体实力和国际影响力，进而不断增强社会主义文化的吸引力和感召力。另一方面，在解决中国经济社会发展中面临的问题的同时，量力而行，不断为世界文明做出新的贡献，积极为解决人类所共同面临的问题和困境开辟新的道路、提出新的解决方案，从而真正使得中国文化既是中国的又是世界的。

第三，深化文化体制改革是文化创新的切入点。文化创新的目标是满足人民的精神文化需求，促进人的全面发展，建设社会主义文化强国。在社会主义市场经济条件下，文化创新不仅要符合文化自身的发展规律，而且还要适应社会主义市场经济体制的要求。深化文化体制改革，是文化创新的制度选择。近年来，国家在文化体制改革方面进行了多方面探索，如进行了政事分开、管办分离和组建文化产业集团的改革，推动了文化产业的创新发展，取得了一定成效。随着我国经济体制改革的不断深入，市场制度的不断健全，各类民事和经济法律体系日趋完善，文化体制的改革却滞后了。许多文化发展中的问题集中出现，如有些文化产品的生产单位缺

① 《马克思恩格斯选集》第1卷，人民出版社1995年版，第603页。

乏竞争、服务意识，盗版文化猖獗、高雅文化边缘化、文化秩序相对混乱等，这要求我们要加快推进文化体制改革。进一步深化文化体制改革，必须坚持中国特色社会主义文化建设方向，全面提升国家文化软实力，建设社会主义文化强国。习近平指出："要深化文化体制改革，完善文化管理体制，加快构建把社会效益放在首位、社会效益和经济效益相统一的体制机制。"① 要创造出满足人们精神文化需求的高质量的精神文化产品，加强文化产业供给侧结构性改革，创造契合时代需要、满足人们精神需求、群众易于接受的高质量的精神文化成果。尤其注重对优秀传统文化的阐释与当代价值的挖掘，坚持"古为今用"的原则，大力弘扬和继承优秀传统文化的精髓；同时，广泛借鉴世界各国优秀文化成果，实现"洋为中用"。通过深化文化体制改革，大力提升人们的精神境界和精神面貌，为顺利推进党的意识形态建设奠定坚实的思想基础。那么，在新时代背景下如何推进文化体制改革呢？

首先，要改革文化产业的管理模式。适应新时代的文化产业竞争形势，借鉴发达国家文化产业发展及其管理的成功经验，结合社会主义国家的导向性，需要对文化产业结构及其行政管理模式进行深度改革，实现文化产业经济效益和社会效益的统一。理顺文化管理部门与文化生产部门之间的关系，主要依靠法律手段和市场机制对文化企事业单位进行管理。在把握社会主义方向的同时，给文化产品的生产者们以更多的生产自主权，推进其主动融入文化市场，培育其市场竞争意识和服务意识，进而充分发挥各文化企事业单位创造优秀文化产品的积极性和灵活性。

其次，要建立健全现代文化市场体系。"要完善文化市场准入和退出机制，鼓励各类市场主体公平竞争、优胜劣汰，促进文化资源在全国范围内流动。继续推进国有经营性文化单位转企改制，加快公司制、股份制改造。……推动文化企业跨地区、跨行业、跨所有制兼并重组，提高文化产

---

① （参见《习近平：决胜全面建成小康社会 夺取新时代中国特色社会主义伟大胜利——在中国共产党第十九次全国代表大会上的报告》，人民出版社，2017年10月，第44页）

业规模化、集约化、专业化水平。"① 承认各类市场主体的平等地位，对待国有文化资产和民营的主体一视同仁，对其的管理要由"血统论"转向"表现论"。以全球意识、现代意识激发文化市场主体的能动性，重塑现代文化市场主体，使它们成为真正的文化产品的生产者和经营者。

再次，要构建现代公共文化服务体系。《中共中央关于全面深化改革若干重大问题的决定》指出："建立公共文化服务体系建设协调机制，统筹服务设施网络建设，促进基本公共文化服务标准化、均等化。建立群众评价和反馈机制，推动文化惠民项目与群众需要有效对接。整合基层宣传文化、党员教育、科学普及、体育健身等设施，建设综合性文化服务中心。"② 可以说在新时代背景下，在全面深化改革战略中，将构建现代公共文化服务体系作为一项重要内容，是推进政府为主的文化管理模式向全社会参与的文化治理建设模式转变的需要，是建设服务型政府的需要，更是推进文化创新的需要。因此，应鼓励有关方面的代表、专业人士、各界群众积极投身于公共文化事业，提倡各地、各部门根据实际情况确立其服务领域、服务重点、服务方式和服务途径，使现代公共文化服务体系末梢与人民群众的文化生活和文化需求紧密地联在一起，真正做到接地气、有实效。

最后，要积极开展国际合作，提高文化的开放水平。在新时代，在与外来文化的接触中，中国文化必须善于吸收它们的合理性因素，改进自身的发展状况。因此，中国文化要积极主动地与国外文化的机构、公司、市场、人士开展交流合作，在合作中发展壮大自身。目前，我国的国际文化交流合作活动十分活跃，已与 160 多个国家和地区建立了文化交流机制，与 149 个国家签订了政府间文化合作协定，与 97 个国家签订了 800 多个年度文化交流执行计划。需要特别注意的是，开展国际合作要坚持政府主

---

① 《中共中央关于全面深化改革若干重大问题的决定》，新华网，2013 年 11 月 15 日。

② 《中共中央关于全面深化改革若干重大问题的决定》，新华网，2013 年 11 月 15 日。

导、企业主体、市场运作、社会参与，最大限度形成合力，从而不断扩大文化交流，推动中华文化走向世界。

不同的国家和民族拥有独特的历史文化传统和特殊国情，中华民族的发展同样是建立在独特的文化传统和现实国情的基础之上的。意识形态工作的重要任务是要阐释中国之所以选择走社会主义道路的历史必然性和现实可能性；阐释中国特色社会主义是结合本国国情和文化传统的基础上做出的必然选择；阐释中华文化的独特魅力及所具有的文化软实力。通过意识形态工作讲清楚这些内容能够充分调动全民族的民族自信心和自豪感，更加坚定对中国特色社会主义的"四个自信"，进而形成强大的民族精神和民族向心力。开展意识形态教育，能够深刻认识中华民族五千年来灿烂的历史文化以及为世界文明发展做出的伟大贡献，反思近代以来国家衰落的深层原因，进一步理解中国共产党带领中国人民所开创的民族复兴伟业，最终激发全民族的奋斗热情，整合形成全民族的凝聚力和向心力，为实现中华民族伟大复兴的中国梦而贡献自身的力量。

三、以提高文化传播力为重点，提升主流意识形态影响力

当今世界，衡量一个国家文化的影响力，不仅在于其内容的独特魅力，而且在于其传播能力是否及时、高效。文化传播力是文化软实力的重要组成部分，提升文化传播力是增强文化软实力不可或缺的重要环节。与美国、英国等发达国家相比，中国的文化传播能力仍然不强。可以说，我国文化对外传播力较弱，这在一定程度上造成当代中国文化软实力的缺失、世界话语权的弱势、国家形象的被歪曲和被误读。因此，提高文化的传播力不仅是提升国家文化软实力的重要手段，而且也是提高主流意识形态影响力的重要途径。党的十八大报告提出："构建和发展现代传播体系，提高传播能力。"① 传播是一种信息交流和交换的行为。文化传播的内涵是

---

① 《胡锦涛：坚定不移沿着中国特色社会主义道路前进为全面建成小康社会而奋斗——在中国共产党第十八次全国代表大会上的报告》，人民出版社，2012 年 11 月，第 33 页。

对国家的文化传统，以及基于这种文化传统的国家意志的表现，文化传播的过程就是国家权力及国家意识形态外化的过程。在对外传播中，变化是需要把握的主旋律。在新的传播条件和格局下，信息流已经无法被人为阻隔，这不仅让我们讲述一个真实的中国成为可能，更能让受众了解一个多元世界的愿望变成现实。笔者认为要提高中国文化对外传播的效果，就必须学会使用既维护国家主权和利益，又符合对外传播规律，能为国际社会所接受的传播方式、话语，并掌握相关的传播技术与手段。具体为：以交流促传播，改进文化传播方式；面向世界，通过讲好"中国故事"提高文化影响力；要积极抢占网络文化宣传阵地，提高文化传播效力。

第一，以交流促传播，改进文化传播方式。文化的力量具有其特殊性，它不是靠强制产生，而是靠文化的吸引、精神的感召，特点是潜移默化、润物无声、引人入胜，因而具有极强的渗透性和超越性。文化传播旨在加强世界各国人民之间心灵的沟通与情感的交流，进而在沟通、了解的基础上达到理解与尊重，它起到的是一种潜移默化的效果。这种效果与功能的发挥，在于文化传播方式的选择。"传播中华优秀文化，宣介中国发展变化"① 是对外传播的核心内容。这是习近平同志基于中华民族 5000 多年灿烂文明史和社会主义中国发展的光辉历程，对于对外传播内容的高度概括，是我们讲述中国故事、传播中国声音的根本依托。文化交流作为一种传播方式，具有其他传播方式所不具有的优势。因此，在新时代背景下，要以交流促传播，改进文化对外传播方式。从文化交流中，提高中国特色社会主义文化的影响力，进而提高我国主流意识形态在世界范围内的影响力。近几年来，为了适应新时代范围内的文化竞争，我国越来越重视文化的交流与合作，从国家层面上开展了诸如"中法文化年""中俄国家文化年""非洲主题年""中华文化非洲行"等各种类型的文化交流活动，这些活动都取得了非常好的效果，也积累了成功的经验。但是在新时代的

---

① 习近平：《用海外乐于接受方式易于理解语言　努力做增信释疑凝心聚力桥梁纽带》，《人民日报》2015 年 5 月 22 日。

今天，我们更应抓住这难得的历史机遇，加强我国文化与世界不同文化之间的交流、沟通与融合，减少文化差异所引起的冲突，进而提高我国文化的对外传播能力。那么如何加强文化交流，提高我国文化的传播力呢？笔者认为应从以下两个方面着力开展文化交流。

首先，是政府层面的文化交流。政府既是文化交流政策的制定者，也是文化交流项目的具体施行者。政府要积极开展文化交流活动，要在商谈和签订文化协定、组建和参加国际文化组织、召开和参加国际文化会议等方面有所作为；要积极通过国际组织开展文化方面的合作，与各国在大型文化活动方面开展合作，尤其要重视与联合国教科文组织在文化领域内开展多种形式的合作。"中国不仅要把自身工作做好，还要通过教科文组织为世界各国教育与科学文化发展做出新贡献……这种模式今后在科学和文化方面能体现得更好。"① 近年来，中国通过国际区域组织进行文化合作成为文化外交的一个亮点。亚欧会议、上海合作组织、中非合作论坛机制、"10＋3"机制都是中国文化外交的重要渠道。文化代表团的互访是政府层面文化外交的主要形式，也是双边文化关系的重要标志。除了展示本国文化艺术之外，文化代表团还负责签订文化合作协定、参加国际文化会议等。另外，对外艺术展览一直是中国对外文化交流的特色之一，如举办中国书画展、中国玉文化展等积极介绍和推广中华文化。

其次，是教育文化交流活动。由于教育是文化的重要载体，国家应将教育交流作为提高文化对外传播的重要途径。应继续开展教育国际合作，如师生互换、合作办学、合作研究、国际间教育资源互补等跨国界、跨文化的教育交流与合作等。第一，抓好留学生工作。外国留学生是文化交流的使者，是增进各国人民友谊的桥梁。留学生教育也是衡量一个国家软实力强弱的重要指标。当越来越多的外国留学生喜欢中国，那么他无论身在中国还是其他国家，都可能将所学到的中国文化应用到自己的事业中，并

---

① 杜越：《中国与联合国教科文组织的合作将开辟新篇章——访中国联合国教科文组织全国委员会秘书长杜越》，新华网，2013 年 11 月 6 日。

使更多的外国人了解中国，增强对中国的好感。所以，要把加大海外留学生的招生、录取和培养作为文化输出和文化传播的重要方式来认识，通过各种方式扩大来华留学生规模、提高留学生教育质量。第二，抓好汉语教育。语言是信息传播的基础。在新时代，传播语言对传播本国文化、增强他国人对本国文化的亲近感的作用日益突出。国家应继续支持国际汉语教育，大力加强对外汉语教育，改进对外汉语和中国文化考试，扩大孔子学院办学规模，提高孔子学院办学质量和水平。

第二，面向世界，通过讲好"中国故事"提高文化影响力。习近平总书记在全国宣传会议上强调："要精心做好对外宣传工作，创新对外宣传方式，着力打造融通中外的新概念新范畴新表述，讲好中国故事，传播中国好声音。"① 改革开放 40 年的伟大实践，中国取得了举世瞩目的成就，开辟了独具特色的"中国道路"，形成了宝贵的"中国经验"。但是与中国特色社会主义理论和具体的实践相比，具有中国特色、体现我国主流意识形态的话语体系建设相对滞后，与之相称的话语体系尚未建立起来。因此，在新时代背景下，提高文化对外传播力，创新文化传播方式，构建中国话语体系，掌握国际话语权就显得极为紧迫。中国文化走向世界，一个核心内容是讲好"中国故事"。当务之急是把中国特色社会主义的发展优势真正转化为理论优势、话语优势和文化优势。"防守者没有前途"，我们必须在全球范围主动作为、积极作为，努力做到"中国故事、国际表达"，增强主动发声的意识，在国际舆论场中亮明我们的观点、表明我们的态度，让"中国故事"传得更远、"中国声音"叫得更响。

讲好"中国故事"，核心内容是阐述好中国道路，宣扬好中国经验。中国道路是一种成功的道路，内含着一种方向性、文化性的指引；中国经验是一种创造性的经验，孕育着与其成就相适应的理念和价值观念。我们的文化发展在强调中国特色和中国元素的同时，更要放眼世界、放眼全

① 参见《习近平在全国宣传思想工作会议上强调 胸怀大局把握大势着眼大事 努力把宣传思想工作做得更好》，《人民日报》2013 年 8 月 21 日。

球，通过创造性地总结与升华，使之具有普遍价值和世界意义，为解决时代发展的困境和人类社会面临的难题贡献中国智慧。换句话说，全面系统地将这些文化内涵和启示意义揭示出来、阐述清楚、传播出去，让世界更好地了解中国，使中国更好地走向世界，这就是对人类文明的重大贡献。

讲好"中国故事"，关键是话语的内容。要让中国故事得到世界人民的关注与认可，必须把握住时代脉搏，时刻关注和解答好时代和社会发展实践提出的新问题，坚持合作共赢，着眼寻找中国与外部世界的话语共同点、利益交汇点，在一些重大问题上发出我们的声音，提出我们的主张，并使世界人民能够理解、接受和认同。当然，语言的形式同样重要。采用何种言说方式来表达，决定着话语的力量和影响。采用让世界人民乐于接受的方式、易于理解的语言是对外传播的重要手段。宣传讲究技巧，传播注重艺术，内容正确不等于效果就好，创新对外传播方式，就要打造融通中外的话语体系，打造融通世界的故事载体，打造融通文化的人格化符号。

在文化发展中，一方面我们要坚持文化自信基础之上的文化自觉，谨防掉入西方资本主义国家所设置的"话语陷阱"；另一方面又要在坚持符合中国国情、保持中国特色的同时，注意国际性的语言通用表达。特别是对于一些外国人的疑惑和思维盲区，尤其要针对中国与外部世界反差极大的文化背景和历史特点，注意与国外习惯的话语体系、表述方式相对接，运用明白的语言和清晰的逻辑，注意在所要表达的内容和信息之中融入真情实感，巧妙地阐明我们的思想理念，使之易于为国际社会所理解和接受，从而形成良性认知互动。我们并不缺乏"中国故事"的题材，问题的关键是如何让人们听得懂、愿意听。在这方面，我们的思想要解放、视野要拓宽，并且要有海纳百川、兼收并蓄的胸怀，积极学习借鉴一切有益的文明成果，紧跟时代潮流，努力做到"中国立场、国际表达"。充分挖掘中国道路的丰富宝藏，积极采用外国人听得懂、易于接受的表达方式，不断增强中国故事、中国文化在国际上的亲和力、感染力和影响力，推动中国文化走出国门走向世界。习近平总书记指出，"要解决好'本领恐慌'问题，真正成为运用现代传媒新手段新方法的行家里手"。在这方面，我们可以借鉴美国等西方国家的宣传手法。美国人认为，"上乘的宣传看起来要好像从未进行过一样"，① 在文化新时代背景下，我们讲好"中国故事"，需要借鉴学习西方发达资本主义国家文化及其意识形态工作的成功经验，在实践中不断将我国主流意识形态潜移默化、润物无声地渗透至国内外各个群体，内化为他们的自觉行动。

要积极抢占网络文化宣传阵地，提高文化传播效力。我们注意到，美国虽然历史很短，文化积淀也不深厚，但是凭借先进的科学技术和发达的市场体系建构了现代化的传播手段优势，使美国文化在全世界确立了其霸权地位。我们应该坚持"拿来主义"，学习借鉴西方发达国家的成功经验，利用后发反超优势，加快建设用现代化的信息技术装备的，传输快捷、覆盖广泛的现代文化传播体系。进入新时代，互联网已成为继报纸、广播、电视等大众新闻媒体之后的第四大媒体，世界各国都竞相在互联网领域展开激烈争夺。与传统媒体相比，互联网传播速度更快，信息容量更大，覆盖面更广，具有高度的开放性和全球交互性。谁掌握网络新闻宣传这个当今世界思想舆论阵地的制高点，谁就赢得了舆论宣传和意识形态的主动权。当前互联网和手机等新媒体高歌猛进，快速向全球扩张，截至 2018 年 3 月，全球网民超过 20 亿人，手机用户超过 35 亿。随着互联网技术的不断发展，新媒体的性质也发生了根本性的变化，日益成为与社会深度融合并促引社会发生全面变革的社会化媒体。就我国来说，2018 年，网民数量达 7.72 亿人，普及率为 55.8％，人均每周上网时长为 27 个小时。其中，中国手机网民新增 5 734 万人，规模达 7.53 亿人。我国成为名副其实的全球新媒体用户第一大国，迈入了新媒体时代门槛。西方强国利用互联网推行"数字霸权"和价值观渗透，我们面临的战争是信息化战争，思想政治工作过不了网络关也就过不了时代关。

习近平总书记指出："根据形势发展需要，我看要把网上舆论工作作

---

① 转引自王健：《意识形态工作要树立五大理念》，《思想政治工作研究》，2015 年第 3 期。

为宣传思想工作的重中之重来抓。宣传思想工作是做人的工作的，人在哪儿重点就应该在哪儿。"① 网络时代信息传播的新变化和新特征打破了意识形态领域斗争的传统格局，凸显了意识形态工作的薄弱环节，舆论斗争的主战场向互联网转移。意识形态工作唯有正视事实，加强网络新技术新应用的管理，才能克服"本领恐慌"，尽快掌握网络舆论战场上的主动权；要增强阵地意识，严密防范和抑制网上攻击渗透行为，对于网络上的错误观点、奇谈怪论乃至歪曲造谣、恶意攻击，要敢于亮剑、勇于担当，组织力量进行有力批驳，"让党的主张成为网络空间最强音"；要密切关注网络舆论生态的特点和发展规律，讲究战略战术，建设强大的网军，将网络意见领袖纳入统战视野，精心组织网上斗争力量，尽快掌握网络舆论斗争的主动权，使我们的"网络空间清朗起来"。针对全媒体时代的特点规律，我国文化对外传播应标本兼治、综合施策，积极抢占网络文化宣传阵地，提高主流意识形态的影响力，坚决捍卫我国意识形态安全。应该从两个方面着手，一方面是对外文化传播阵地建设，另一方面是对内文化传播阵地建设。

第一，对外文化传播阵地建设。

首先，从对外传播的内容和形式来看，增强文化的亲近性。我国的媒体网站在新闻报道中官方色彩太重，往往使用过多的政治口号和政治术语，这种表述形式、风格、词汇越来越脱离中国的实际，与中国的对外宣传战略方向相背。因此，有必要改革目前我国"网语体系"，要使用富有时代感、简洁生动的"网络话语"传播我国的文化和主流意识形态。另外，在内容上，要增加旅游、社会生活和传统文化方面报道的比重。利用网络媒介的特点，借助于感性认知和形象表达方式，使得关于中国历史、民族生活、汉语学习等"形象碎片"得以"多节点扩散"，塑造中国文化的"亲近性"。另外，注重理念和价值观念传播，中国对外新闻网站要以文化的共同性为切入点，将中国传统文化中"和而不同""民本思想""人

---

① 《习近平关于全面深化改革论述摘编》，中央文献出版社 2014 年版，第 83 页。

道主义"和"人文关怀"的价值观念融入对外传播报道中，减少文化隔阂，增强中国在国际话语平台上的可读性和倾听度。

其次，从对外传播策略来看，要优化对外传播策略。对外传播要加强受众研究，做到对不同受众使用不同的传播内容和传播方式。西方国家受众是我们对外传播的最重要群体之一。由于政治、经济、生活环境、社会制度、民族风俗、教育等因素的影响，西方国家受众在意识形态和价值观方面与中国受众有很大差异。我们必须正视中国与西方国家国情、文化背景和信仰的差异，加强受众研究，内外有别，区分对待，创造出分众化的内容。这要求我们必须充分了解国外受众的兴趣爱好、价值观念和对信息的接受能力，因人而异、因事而异、因时而异，针对不同国家、不同阶层和不同领域的传播对象，开展更具体和有针对性的传播工作。另外，对外传播要体现时效性，要做到第一时间报道，第一时间更新对外传播网站的内容。目前，西方发达国家掌握着世界范围内的新闻发布权，特别是美国凭借着自身的网络技术优势、网络话语优势和网络资源优势牢牢把持着世界的话语权。如美国CNN网站是以分钟来更新报道，由此美国因其信息的开放度与时效性主导着舆论的话语权。而中国在国际话语争夺战中的弱势，在一定程度上直接影响了中国网络媒体的国际信息话语地位。因此，我们应该认识到，国际话语权的建设不是一日之功，不仅要靠突发性事件发生时的集中式报道，而且更要靠日常新闻报道的日积月累，只有这样才能在国际信息话语场中积势蓄能，形成一股持久的话语力度。

第二，对内文化传播阵地建设。

首先，要加强互联网的内容建设，理直气壮地唱响主旋律，巩固扩大主流思想舆论。要深入开展实施网络内容建设工程，加强网上正面宣传，旗帜鲜明地坚持正确的政治方向、舆论导向、价值取向，用中国特色社会主义思想团结、凝聚亿万网民，发展积极向上的网络文化，创新改进网上宣传，形成网上正面舆论强势。要深入开展网上舆论斗争，严密防范和抑制网上攻击渗透行为，分析网上斗争的特点和规律，运用正确的战略战术、组织力量对错误思想观点进行批驳。

其次，要大力加强主流网络媒体建设。一方面要大力加强网上马克思主义理论阵地建设。网络阵地是马克思主义宣传的重要平台，建立互联网的马克思主义理论阵地引导网上多样化意识形态，既是一项紧迫的时代任务，也是一项长期的基础性工作。因此，要根据新时代网络发展的特点，高度重视网上主流意识形态建设，更好地发挥互联网作用。另一方面要加强重点新闻网站建设。由于我们"触网"时间较短，虽然网站论坛数量众多，但全国各地重点网站建设水平参差不齐，特别是处于世界级舆论网站行列的还很少。实践证明，高质量的、可靠的信息和言论认可度高，主流声音特别是主流论坛的政论、时评影响和统领公众舆论作用明显，权威的言论更易及时将网友对舆论客体的感性认识转化为理性认识。事实上，人们对主流媒体依旧存在很强的信赖感，国家和地方重点新闻网站及传统媒体网站本身具有让人信赖的权威性和品牌优势。目前，"我国一个以中央重点新闻网为龙头、地方重点新闻网站为骨干、传统媒体网站与商业门户网站发挥积极作用的互联网新闻报道体系的格局已经形成。目前，国家与地方重点新闻网站已经成为网络新闻的第一新闻源"①。所以，党的理论、宣传、文化部门采取统筹协调、综合施策，扬长避短、固强补弱，是把握网络阵地建设主动权的根本所在。

最后，要加强网络法规和道德建设，完善综合治理体系。法律和道德都是调整人们行为、维护社会秩序的重要手段，也是规范网络行为、维护网络秩序的重要方式。法制建设不仅是建立和完善社会主义市场经济体制、建立社会主义民主政治、推进改革开放的根本保障，也是社会主义精神文明建设的重要保障和重要内容，因此，必须逐步建立符合时代潮流、适合中国国情的网络法律法规体系，把网络管理纳入到法制的轨道上来。目前，我国已经出台了《计算机信息网络国际联网安全保护管理办法》《互联网信息服务管理办法》等网络法规。但与发达国家相比，我国的网络法规建设仍然滞后，体系仍不完善，还不够统一规范，需要尽快建立健

---

① 童世骏：《意识形态新论》，上海人民出版社 2006 年版，第 207 页。

全网络法规，加快推进互联网领域的法治化进程。其一，要高度重视互联网的法制建设，对涉及网络空间的不同法律领域的立法分别进行完善和补充，建立一套适应中国国情的行之有效的网络法律法规体系，使之成为国家法制建设框架中的一个有机组成部分；其二，要大力加强意识形态领域内的网络监管和控制，利用网络技术手段，抓早抓小，严厉打击、制止和惩处破坏社会秩序和危及国家人民安全的不法行为。其三，要严格执法。法律的生命在于实施。在有法必依的基础上，坚持做到执法必严、违法必究。另外，在当前网络法律法规不健全完备的条件下，我们要充分发挥道德教化的力量，通过道德手段来教育和制约人们的网络行为。要加强网络道德建设，在全社会开展互联网诚信与公德教育，引导网民进行自我道德约束，尊重他人合法权益；要强化网络自我约束，提倡网站和网络从业人员加强行业自律，恪守行业规范、职业道德和社会良知，规范自身发展；要强化舆论引导，规范互联网的信息服务，在网络空间营造良好的社会舆论氛围，传导、褒扬善举、德行，谴责、鞭挞失范行为，积聚正能量，遏制负能量，使整个社会形成惩恶扬善、扶正祛邪的良好道德风气。

参考文献

一、经典著作

[1] 马克思恩格斯全集（第 3 卷）［M］．北京：人民出版社，2002．

[2] 马克思恩格斯选集（第 1 至 4 卷）［M］．北京：人民出版社，1995．

[3] 列宁选集（第 1 至 4 卷）［M］．北京：人民出版社，1995．

[4] 马克思恩格斯列宁论意识形态［M］．北京：人民出版社，2009．

[5] 毛泽东选集（第 1 至 4 卷）［M］．北京：人民出版社，1991．

[6] 邓小平文选（第 1 至 3 卷）［M］．北京：人民出版社，1995．

[7] 江泽民文选（第 1 至 3 卷）［M］．北京：人民出版社，2006．

[8] 习近平谈治国理政［M］．北京：外文出版社，2014．

[9] 习近平．在文艺工作座谈会上的讲话［M］．北京：人民出版社，2015．

[10] 建国以来重要文献选编（第 1 册）［M］．北京：中央文献出版社，1992 年．

[11] 十六大以来重要文献选编（上、中、下）［M］．北京：中央文献出版社，2005，2006，2008．

[12] 十七大以来重要文献选编（上、中）［M］．北京：中央文献出版社，2009，2011．

二、中文著作

[1] 陈尚伟．马克思哲学中的"以人为本"研究：对马克思人本思想的文本解读［M］．北京：学习出版社，2015．

[2] 俞吾金．意识形态论（修订版）［M］．北京：人民出版社，2009．

[3] 侯惠勤，等．马克思主义意识形态论［M］．南京：南京大学出版

社，2011.

[4] 童世骏. 意识形态新论 [M]. 上海：上海人民出版社，2006.

[5] 王永贵，等. 经济全球化与我国社会主流意识形态建设研究 [M]. 北京：人民出版社，2010.

[6] 刘少杰. 当代中国意识形态变迁 [M]. 北京：中央编译出版社，2012.

[7] 张宏毅，等. 意识形态与美国对苏联和中国的政策 [M]. 北京：人民出版社，2011.

[8] 肖枫. 苏联解体我的解读 [M]. 北京：中共中央党校出版社，2011.

[9] 陈蕾. 中国发展道路的意识形态审视 [M]. 北京：时事出版社，2012.

[10] 周民锋. 当代中国意识形态观研究 [M]. 北京：人民出版社，2012.

[11] 袁铎. 非意识形态化思潮研究 [M]. 北京：中国社会科学出版社，2008.

[12] 聂立清. 我国当代主流意识形态认同研究 [M]. 北京：人民出版社，2010.

[13] 敖带芽. 社会主义意识形态建设：热问题与冷思考 [M]. 北京：人民出版社，2011.

[14] 陈晓明，等. 意识形态建设理论的新发展 [M]. 北京：社会科学文献出版社，2008.

[15] 曲士英，等. 马克思主义意识形态与国家文化安全 [M]. 浙江：浙江工商大学出版社，2013.

[16] 叶启绩，等. 当代中国社会主义意识形态与文化和谐发展研究 [M]. 北京：人民出版社，2010.

[17] 杨立英，曾盛聪. 全球化、网络化境遇与社会主义意识形态建设研究 [M]. 北京：人民出版社，2006.

[18] 韩源，等. 国家文化安全论：全球化背景下的中国战略 [M]. 北

参考文献

165

京：社会科学文献出版社，2013.

[19] 叶启绩，谭毅，等．当代中国经济与社会主义意识形态互动发展研究
[M]．北京：人民出版社，2010.

[20] 郭文亮，杨菲蓉，等．当代国外社会主义意识形态发展导论 [M]．
北京：人民出版社，2010.

[21] 刘明君，等．多元文化冲突与主流意识形态建构 [M]．北京：中国
社会科学出版社，2008.

[22] 张骥，等．中国文化安全与意识形态战略 [M]．北京：人民出版
社，2010.

[23] 刘明华．《共产党宣言》全球化二重性思想研究 [M]．北京：人民
出版社，2012.

[24] 王晓升．西方马克思主义意识形态理论 [M]．北京：社会科学文献
出版社，2009.

[25] 陈文殿．全球化与文化个性 [M]．北京：人民出版社，2009.

[26] 丁志刚．全球化对我国政治价值的挑战与对策研究 [M]．北京：中
国社会科学出版社，2006.

[27] 张旭东．全球化时代的文化认同 [M]．北京：北京大学出版
社，2005.

[28] 金民卿．文化全球化与中国大众文化 [M]．北京：人民出版
社，2004.

[29] 刘雪莲．政治与全球化 [M]．北京：中国社会科学出版社，2011.

[30] 于沛．全球化和全球史 [M]．北京：社会科学文献出版社，2007.

[31] 何顺果．全球化的历史考察 [M]．江西：江西人民出版社，2010.

[32] 卫建林．全球化与第三世界 [M]．北京：清华大学出版社，2009.

[33] 关海宽．改革开放以来我国社会主义意识形态建设研究：经验·问题
与路径选择 [M]．北京：中国社会科学出版社，2012.

[34] 陈海燕，等．全球化视域下的社会主义与资本主义：两种制度关系发
展规律研究 [M]．北京：学习出版社，2013.

[35] 徐艳玲，龚培河．从"被动全球化"到"主动全球化"：新时代视野中的中国社会主义历史演进［M］．山东：山东人民出版社，2013.

[36] 敖云波，傅正华．全球化视域中的马克思主义中国化研究［M］．北京：知识产权出版社，2013.

[37] 孟庆顺，等．全球化时代世界意识形态流派述评［M］．北京：人民出版社，2010.

[38] 杨雪冬．全球化与社会主义的想象力［M］．重庆：重庆出版社，2009.

[39] 姜秀敏．全球化时代的国际文化关系研究［M］．北京：中央编译出版社，2011.

[40] 中共中央宣传部理论局．世界社会主义五百年（党员干部读本）［M］．北京：学习出版社、党建读物出版社，2014.

[41] 王小红，何新华．天下体系：一种建构世界秩序的中国经验［M］．北京：光明日报出版社，2014.

[42] 陆寿筠．人类向何处去：新世纪意识形态之较量与重组［M］．北京：九州出版社，2013.

[43] 汤文曙，房玫．唯物史观与全球化［M］．安徽：安徽大学出版社，2003.

[44] 罗荣渠．现代化新论：中国的现代化之路［M］．上海：华东师范大学出版社，2013.

[45] 刘昀献．当代社会主义的历史走向［M］．河南：河南大学出版社，2014.

[46] 程玉海，林建华，等．世界社会主义共产主义运动新论（上下册）［M］．北京：人民出版社，2010.

[47] 蔡拓．全球问题与新兴政治［M］．天津：天津人民出版社，2011.

[48] 蔡拓．全球化与中国政治发展［M］．北京：中国政法大学出版社，2008.

[49] 蔡拓．全球化与政治的转型［M］．北京：北京大学出版社，2007.

参考文献

［50］王向明．全球金融危机背景下马克思主义时代化问题［M］．北京：
当代中国出版社，2014．

［51］和平，等．新时代与国际政治［M］．北京：中央编译出版
社，2008．

［52］王丽娟，等．全球化与国际政治［M］．北京：中国社会科学出版
社，2008．

［53］冯来兴．经济全球化时代的中国政治安全［M］．江西：江西人民出
版社，2010．

［54］孙兰英．全球化网络化语境下政治文化嬗变［M］．北京：中国社会
科学出版社，2010．

［55］章文君．中国文化的当代意义与世界走向［M］．北京：中国社会科
学出版社，2012．

［56］李忠杰．走向未来的中国与世界［M］．北京：中央党校出版
社，2012．

［57］王庆五，等．马克思主义意识形态指导地位研究［M］．北京：中国
社会科学出版社，2012．

［58］刘颖．新社会运动理论视角下的反全球化运动［M］．上海：复旦大
学出版社，2012．

［59］于沛．经济全球化和文化［M］．北京：中国社会科学出版
社，2012．

［60］李丹．构建和谐世界：中国与全球化的良性互动［M］．北京：中国
社会科学出版社，2013．

［61］全球化时代的地缘政治与中美关系［M］．北京：军事科学出版
社，2013．

［62］费孝通．新时代与文化自觉［M］．北京：外语教学与研究出版
社，2013．

［63］王永贵，等．马克思主义意识形态理论与当代中国实践研究［M］．
北京：人民出版社，2013．

［64］李萍．马克思意识形态论［M］．北京：中国社会科学出版社，2013.

［65］陈锡喜．马克思主义：意识形态和话语体系［M］．上海：华东师范大学出版社，2011.

［66］王福兴，等．马克思主义意识形态革命理论研究［M］．北京：中国社会科学出版社，2014.

［67］靳辉明，李瑞琴．《共产党宣言》与世界社会主义［M］．北京：社会科学文献出版社，2012.

［68］叶险明．世界历史理论的当代构建［M］．北京：中国社会科学出版社，2014.

［69］徐牧．大变局：中国模式的崛起与西方模式的衰落［M］．北京：九州出版社，2010.

［70］汤闯新．美国新全球战略［M］．北京：生活·读书·新知三联书店，2012.

［71］孙国强．全球学［M］．贵阳：贵州人民出版社，2008.

［72］郭树勇．中国软实力战略［M］．北京：时事出版社，2012.

［73］田建明．中国软实力战略［M］．北京：国家行政学院出版社，2013.

［74］王秀艳．当代社会生活及其意识形态变迁［M］．北京：人民出版社，2016.

［75］李后强，奉鼎哲，秦勇，等．网络意识形态安全研究［M］．成都：四川人民出版社，2017.

［76］张志丹．意识形态功能提升新论［M］．北京：人民出版社2017.

［77］王承哲．意识形态与网络综合治理体系建设［M］．北京：人民出版社，2018.

［78］郑守林．《德意志意识形态》"费尔巴哈"章新解［M］．北京：人民出版社，2018.

［79］张秀琴．马克思意识形态概念理解史［M］．北京：人民出版

参考文献

社，2018.

[80] 斯拉沃热·齐泽克．意识形态的崇高客体（第 2 版）[M]．北京：中央编译出版社，2017.

[81] 利昂·P. 巴拉达特．意识形态起源和影响（第 10 版）[M]．张慧芝，张露璐，译．北京：世界图书出版公司北京公司，2010.

[82] 斯塔夫里阿诺斯．全球通史：从史前史到 21 世纪 [M]．吴象婴，梁赤民，等，译．北京：北京大学出版社，2005.

[83] 安东尼奥·葛兰西．狱中札记 [M]．曹雷雨，姜丽，张跣，译．北京：中国社会科学出版社，2000,

[84] 理查德·贝洛菲尔，罗伯特·芬奇．重读马克思：历史考证版之后的新视野 [M]．徐素华，译．北京：东方出版社，2010.

[85] 戴维·赫尔德，等．全球大变革：新时代时代的政治、经济与文化 [M]．北京社会科学文献出版社，2001.

[86] 马丁·沃尔夫．新时代为什么可行 [M]．余江，译．北京：中信出版社，2008.

[87] 约瑟夫·E. 斯蒂格利茨．让新时代造福全球 [M]．雷达，朱丹，李有根，译．北京：中国人民大学出版社，2011.

[88] 罗朗·柯恩—达努奇．世界是不确定的 [M]．吴波龙，译．北京：社会科学文献出版社，2009.

[89] 谢尔盖·阿里别尔多维奇·叶戈杨茨．新时代的死胡同 [M]．李萍，译．北京：东方出版社，2009.

[90] 戴维·赫尔德，安东尼·麦克格鲁．全球化理论：研究路径与理论论争 [M]．王生才，译．北京：社会科学文献出版社，2009.

[91] 曼弗雷德·B. 斯蒂格．全球化面面观 [M]．丁兆国，译．南京：译林出版社，2013.

[92] 阿兰·加西亚·佩雷斯．儒学与全球化 [M]．沈庆，译．北京：人民出版社，2014.

[93] 乔根·兰德斯．2025：未来四十年的中国与世界 [M]．秦雪征，谭

静，等，译．南京：译林出版社，2013.

［94］帕拉格·卡纳．第二世界：大国时代的全球新秩序［M］．赵广成，林民旺，译．北京：中信出版社，2009.

［95］沈大伟．中国共产党：收缩与调适［M］．吕增奎，王新颖，译．北京：中央编译出版社，2012.

［96］约瑟夫·奈．软实力［M］．马娟娟，译．北京：中信出版社，2013.

［97］提摩许·加顿·艾什．自由世界：美国、欧洲和西方世界的未来［M］．张宁，译．北京：东方出版社，2009.

［98］伊曼纽尔·沃勒斯坦．美国实力的衰落［M］．谭荣根，译．北京：社会科学文献出版社，2007.

［99］威廉·I. 罗宾逊．全球资本主义：跨国世界中的生产、阶级与国家［M］．北京：社会科学文献出版社，2009.

［100］А. Г. 雅科夫列夫．俄罗斯、中国与世界［M］．北京：社会科学文献出版社，2007.

［101］巴尔．中国软实力：谁在害怕中国［M］．北京：中信出版社，2013.

三、期刊论文

［1］刘军．马克思世界历史思想：原初形态与新时代意蕴［J］．学术论坛，2006（1）.

［2］闫宏斌．马克思世界历史理论对我们把握新时代的启示［J］．河南社会科学，2005（4）.

［3］张志昌．用马克思世界历史理论析资本主义困境及新时代归宿［J］．西安交通大学学报（社会科学版），2014（5）.

［4］张立．从马克思世界历史理论看当今新时代的现实定位［J］．理论月刊，2001（11）.

［5］詹洪波．马克思世界历史思想与新时代的相关问题［J］．前沿，2009（13）.

［6］马俊峰．马克思世界历史理论的方法论意义［J］．中国社会科学，2013（6）．

［7］丰子义．"世界历史"探索与唯物史观研究——从当代新时代的视角看［J］．南京大学学报（哲学．人文科学．社会科学版），2007（4）．

［8］洪波．当代新时代：马克思"世界历史"理论面临的新课题［J］．广西社会科学，2003（9）．

［9］马捷莎．马克思主义与新时代［J］．河北学刊，2006（2）．

［10］郝立新，张伟．唯物史观视野中的新时代［J］．中国人民大学学报，2001（6）．

［11］朱丽君，阎孟伟．世界市场、世界历史与新时代［J］．新视野，2003（3）．

［12］唐昆雄．马克思的"世界历史"思想与哲学视角下的"新时代"范畴［J］．贵州大学学报（社会科学版），2005（2）．

［13］周敏凯．马克思"世界历史"观、新时代进程与社会主义运动［J］．当代世界与社会主义，2003（1）．

［14］夏群友．东方社会历史如何是世界的——马克思世界历史思想的研究维度探析［J］．青海社会科学，2012（6）．

［15］赵景来．新时代与唯物史观研究范式若干问题讨论综述［J］．马克思主义研究，2009（1）．

［16］盖世金，张立．"新时代"问题研究综述［J］．西安政治学院学报，2001（2）．

［17］王朝阳．新时代问题研究综述［J］．江南论坛，2001（2）．

［18］符琼．文化新时代研究文献综述［J］．今日南国（理论创新版），2009（11）．

［19］黄皖毅，邵鹏．国外文化新时代研究述评［J］．学术论坛，2005（5）．

［20］叶险明．"政治新时代"辨析［J］．学习与探索，2001（4）．

［21］曾璐．冷战后经济政治新时代对中国的影响［J］．国际论坛，2001

（1）.

［22］路红亚. 论政治新时代对当代中国政治文明建设的双重效应［J］.
求实，2007（6）.

［23］彭芳. 民族主义：政治新时代的助推器［J］. 云南社会科学，2005
（1）.

［24］秦晖. 政治新时代：悖论与前景［J］. 国际经济评论，2003（3）.

［25］周陆敏. 马克思主义框架内的政治新时代探析［J］. 法制与经济
（中旬刊），2013（9）.

［26］张晓群. 经济新时代如何导致政治新时代［J］. 生产力研究，2004
（3）.

［27］胡美. 政治新时代发展趋势［J］. 湘潭师范学院学报（社会科学
版），2004（3）.

［28］宋涛，宋连雨. 政治新时代及对我国外交战略的影响［J］. 青海社
会科学，2002（5）.

［29］李庆祝. 浅谈国际政治新时代的发展趋势［J］. 中国青年政治学院
学报，2002（1）.

［30］张森林. 文化新时代：民族文化发展的机遇与挑战［J］. 东北师大
学报（哲学社会科学版），2007（5）.

［31］蔡拓，孙祺. 建构主义视角下的文化新时代——兼论中国传统文化的
作用［J］. 南开学报（哲学社会科学版），2009（6）.

［32］鲍宗豪. 文化新时代的价值意蕴——兼论文化新时代与民族文化的冲
突与整合［J］. 马克思主义与现实，2002（4）.

［33］郭建宁. 文化新时代的可能、现实与应对［J］. 社会科学，2003
（4）.

［34］仲崇东. 关于文化新时代若干问题的思考［J］. 思想战线，2002
（3）.

［35］吕振合. 文化新时代与文化发展的战略选择［J］. 中共中央党校学
报，2004（4）.

［36］郑丽莉．文化新时代语境下的文化整合与民族文化创新［J］．内蒙古大学学报（人文社会科学版），2005（1）．

［37］黄旭东．论文化新时代背景下的当代中国文化发展战略［J］．河南社会科学，2009（3）．

［38］谢晓娟，郭京龙．意识形态在文化新时代背景下面临的新挑战［J］．中国特色社会主义研究，2002（4）．

［39］黄皖毅．关于"文化新时代"的思考［J］．中国青年政治学院学报，2003（2）．

［40］叶险明．"文化新时代"辨析［J］．河北学刊，2001（4）．

［41］韦幼苏．文化新时代与构建中国先进文化［J］．南开学报，2002（3）．

［42］魏海香．对文化新时代及其相关概念的考察与辨析［J］．新视野，2008（5）．

［43］张志鹏．文化新时代与经济增长：趋同或分化［J］．南京社会科学，2007（7）．

［44］袁金刚，杨小兰．文化新时代的现实性及其与文化现代化的关系［J］．社科纵横，2006（6）．

［45］马雪松．文化新时代与民族文化［J］．江西社会科学，2004（10）．

［46］吕松涛．超越文化一元论和文化多元论——关于文化新时代辩证内涵的思考［J］．江淮论坛，2006（2）．

［47］王剑．"文化新时代"解读［J］．理论导刊，2004（7）．

［48］王埃亮．文化新时代与中国传统文化的抉择［J］．理论探讨，2005（1）．

［49］刘悦笛，佑素珍．论文化新时代［J］．学术论坛，2002（1）．

［50］李丹．文化新时代的前景与和谐世界的构建［J］．中国人民大学学报，2008（1）．

［51］初彤．以博弈论视角探析中西文化碰撞及文化全球化趋势［J］．文化学刊，2011（4）．

[52] 魏海香．文化新时代焦点问题辨析［J］．社会科学，2007（5）．

[53] 刘冬雪．文化新时代与文化多样性［J］．社会科学辑刊，2003
（1）．

[54] 魏海香．"文化新时代"范畴的逻辑规定性——对马克思恩格斯"文化新时代"思想的一种解读［J］．贵州社会科学，2007（1）．

[55] 张瑞堂，杨振林．文化新时代发展的价值与伦理思考［J］．国际问题研究，2007（6）．

[56] 赵俊．文化新时代分析——国际关系视角下的文化新时代［J］．社会科学，2003（3）．

[57] 魏海香．文化新时代本质辨析［J］．天府新论，2008（4）．

[58] 贺善侃．现代语境下的"文化新时代"［J］．探索与争鸣，2005
（2）．

[59] 魏海香．文化新时代历史进程考察［J］．湖北社会科学，2009
（12）．

[60] 李武装．文化新时代辨正［J］．内蒙古社会科学（汉文版），2011
（5）．

[61] 刘国胜．经济新时代与文化新时代之可能性［J］．江苏大学学报（社会科学版），2009（5）．

[62] 赵景来．文化新时代研究论略［J］．当代世界与社会主义，2003
（5）．

[63] 范龙，王潇潇．试论网络时代的文化新时代［J］．湖北大学学报（哲学社会科学版），2010（1）．

[64] 王学东．文化新时代及其论争的再思考［J］．社会科学辑刊，2003
（1）．

[65] 史云波，吕春明．和而不同——文化新时代的价值取向［J］．江苏大学学报（社会科学版），2012（3）．

[66] 魏海香．论文化新时代背景下民族文化的建设问题［J］．学术探索，2008（2）．

［67］杨小兰．对文化新时代研究中几个问题的思考［J］．西北师大学报（社会科学版），2009（3）．

［68］谢晓娟．新时代时代主权的冲突：文化新时代挑战文化主权［J］教学与研究，2002（10）．

［69］林剑．文化新时代再思考［J］．江海学刊，2013（4）．

［70］常福扬，李超，胡彬．试析文化新时代的现状与前景［J］．国际关系学院学报，2005（2）．

［71］吕振合．文化新时代与先进文化建设［J］．内蒙古大学学报（人文社会科学版），2005（3）．

［72］王多慈，崔景明．浅析文化新时代对国家安全的影响及对策［J］．北京青年政治学院学报，2007（2）．

［73］于歌．文化新时代背景下中国传统文化的走向［J］．法制与社会，2014（1）．

［74］赵义良，李华．文化新时代：多元与一元的悖论［J］．中国海洋大学学报（社会科学版），2005（5）．

［75］路红亚．文化新时代对当代中国政治文明建设的双重影响［J］．求实，2006（2）．

［76］许雅静．文化新时代对我国文化建设的影响及应对对策［J］．学理论，2013（22）．

［77］赵豫林．文化新时代背景下的社会主义核心价值体系建设［J］．河南大学学报（社会科学版），2009（2）

［78］李智，余非凡．文化新时代的双重性及其对国际关系的影响［J］．世界经济与政治论坛，2003（5）．

［79］陈立旭．论经济新时代对文化新时代的作用［J］．唯实，2001（7）．

［80］杜斌．关于文化新时代发展趋势的哲学思考［J］．兰州学刊，2011（6）．

［81］李栋材，张禹东．文化新时代视野中的文化选择［J］．前沿，2012（23）．

［82］谢晓娟．文化新时代的挑战与跨世纪的中国文化战略［J］．河南教

育学院学报（哲学社会科学版），2002（2）.

[83] 黄皖毅．国外文化新时代研究述介［J］．华东理工大学学报（社会科学版），2005（1）.

[84] 赵景来．关于意识形态若干问题研究综述［J］．学术界，2001（4）.

[85] 黄新华．当代意识形态研究：一个文献综述［J］．政治学研究，2003（3）.

[86] 陈明，陈艳婷．20世纪90年代以来国内意识形态若干问题研究综述［J］．广西大学学报（哲学社会科学版），2007（4）.

[87] 杨生平，刘世衡．国外学者意识形态理论研究综述［J］．贵州大学学报（社会科学版），2011（1）.

[88] 余一凡，赵冶．近年来社会主义意识形态研究综述［J］．理论与现代化，2012（2）.

[89] 王勇．近年来我国意识形态安全研究综述［J］．探索，2011（2）.

[90] 郑洁．网络时代社会主义意识形态研究综述［J］．新疆社科论坛，2010（5）.

[91] 杨海．意识形态概念发展史研究综述［J］．安徽行政学院学报，2011（6）.

[92] 廖胜刚．关于社会主义意识形态若干问题研究综述［J］．理论视野，2007（2）.

[93] 黄新华．当代意识形态研究：一个文献综述［J］．社会观察，2004（1）.

[94] 周尚文．社会主义必须回应时代的要求——从新时代视角看苏联解体［J］．社会主义研究，2003（6）.

[95] 张振江．新时代：中国政府的界定及实践［J］．当代世界与社会主义，2009（3）.

[96] 潘广辉．融入新时代：中国对外开放的战略选择［J］．山东社会科学，2003（3）.

[97] 蔡拓．中国的新时代选择与对策［J］．南开学报，2002（4）.

［98］袁航．透析新时代与中国文化［J］．理论界，2013（6）．

［99］张劲松．新时代：马克思主义面临的时代挑战［J］．学术论坛，2002（6）．

［100］张建君．中国模式新时代进程的理论框架［J］．社会科学战线，2013（1）．

［101］黄红发，陈王琼．新时代背景下西方意识形态渗透的主要手段和特征［J］．学术论坛，2011（4）．

［102］曾令勋、刘金娥、刘婕．新时代背景下维护国家意识形态安全的思考［J］．学理论，2009（7）．

［103］韩健鹏．新时代背景下的科技进步与意识形态：冲击、冲突及其应对［J］．理论探讨，2012（3）．

［104］王勇桂、夏禹．新时代背景下西方国家掌控意识形态的途径及启示［J］．当代世界与社会主义，2008（6）．

［105］谢晓娟，郭京龙．意识形态在文化新时代背景下面临的新挑战［J］．中国特色社会主义研究，2002（4）．

［106］谢雪屏．新时代背景下的国家意识形态安全［J］．吉林师范大学学报（人文社会科学版），2009（2）．

［107］郝保权．对新时代背景下美国文化霸权及其意识形态意涵的战略沉思［J］．宁夏大学学报（人文社会科学版），2009（3）．

［108］齐效斌．新时代背景下的意识形态新话语［J］．陕西师范大学学报（哲学社会科学版），2004（2）．

［109］王永贵．新时代背景下社会主义意识形态功能探析［J］．社会主义研究，2009（3）．

［110］肖飞，申群喜．经济新时代背景下我国意识形态面临的矛盾及其应对［J］．求索，2004（3）．

［111］唐晓波．新时代背景下我国主流意识形态整合功能的优化［J］．湖北社会科学，2006（6）．

［112］郭明飞．对新时代背景下意识形态概念多重维度的考察与分析［J］．

理论探讨，2008（3）.

[113] 方婷．新时代背景下谈我国意识形态安全［J］．中山大学研究生学刊（社会科学版），2010（2）.

[114] 李丹．新时代背景下的中美关系中的意识形态问题［J］．江西教育学院学报（社会科学），2004（5）

[115] 麦广明．关于新时代背景下的意识形态斗争问题［J］．理论界，2006（6）.

[116] 徐伟新．新时代背景下的中国主导意识形态建设［J］．中共中央党校学报，2003（2）.

[117] 王芊．新时代背景下构建社会主义核心价值体系维护我国意识形态安全论析［118］．学理论，2010（29）.

[118] 吴恒，刘长军．20世纪西方学者关于马克思意识形态性质的三个论域［J］．云南社会科学，2011（6）.

[119] 罗成琰．论新时代背景下我国主流意识形态建设［J］．理论与创作，2004（2）.

[120] 王永贵．对新时代背景下意识形态含义不同认识的考察与分析［J］．马克思主义与现实，2006（2）.

[121] 刘雷．浅谈信息新时代背景下的意识形态建设［J］．中共山西省直机关党校学报，2011（2）.

[122] 吴琦．新时代背景下意识形态问题的凸显及应对［J］．山东社会科学，2008（7）.

[123] 沙飞．经济新时代背景下国家文化安全战略选择［J］．山东社会科学，2007（12）.

[124] 汪国培．新时代与社会主义意识形态关系探析［J］．南京师大学报（社会科学版），2005（2）.

[125] 马振清．经济新时代与当代社会主义意识形态建设［J］．当代世界与社会主义，2007（1）.

[126] 徐焕．新时代时代意识形态的变革与建构［J］．中国矿业大学学报

（社会科学版），2004（3）.

[127] 周宏，董岗彪．试论当代中国意识形态工作的基本策略［J］．河海大学学报（哲学社会科学版），2010（1）.

[128] 李玉环．论经济新时代对我国主流意识形态的影响及应对之策［J］．前沿，2010（23）.

[129] 王永贵．影响中国"和平崛起"的西方意识形态透视［J］．毛泽东邓小平理论研究，2004（9）.

[130] 张俊国．意识形态建设与党的执政能力建设［J］．中共福建省委党校学报，2007（5）.

[131] 王永贵．马克思主义视阈中意识形态的内涵和功能阐释［J］．河海大学学报（哲学社会科学版），2012（2）.

[132] 刘少杰．如何对待市场、政府和社会的权力关系——略论新时代时代西方意识形态冲突的核心问题［J］．天津社会科学，2011（6）.

[133] 薛改辉．文化新时代与我国的意识形态建设［J］．湖北省社会主义学院学报，2008（3）.

[134] 王永贵．新时代态势下意识形态功能分析［J］．社会科学研究，2005（4）.

[135] 肖薇薇．新时代时代背景下我国意识形态安全问题及战略选择［J］．华中师范大学研究生学报，2013（2）.

[136] 方晓强，贾志雄．执政能力建设与意识形态考验［J］．人民论坛，2011（14）.

[137] 徐敏峰．新时代视野下的中国意识形态构建［J］．黑龙江史志，2009（12）.

[138] 许明．走出卡夫丁峡谷——论当代意识形态建设的三个历史维度［J］．探索与争鸣，2013（12）.

[139] 张丽君．从"中国威胁论"看新时代背景下的两制关系［J］．上海党史与党建，2011（2）.

[140] 李建群．新时代背景下的文化冲突与先进文化的建构［J］．西安交

通大学学报（社会科学版），2002（2）.

[141] 朱宗友．新时代背景下党的领导面临的新挑战［J］．科学社会主义，2011（6）.

[142] 陆美兰．经济新时代背景下党的建设问题探析［J］．社会主义研究，2003（1）.

[143] 刘本锋．对文化新时代与我国文化安全战略的思考［J］．求实，2005（12）.

[144] 王永贵．挑战机遇战略——新时代与21世纪中国特色社会主义［J］．学习与探索，2001（2）.

[145] 王永贵．新时代与当代中国的先进文化建设［J］．黑龙江省社会主义学院学报，2004（2）.

[146] 金民赐．意识形态虚假性及其超越［J］．人民论坛，2014（14）.

[147] 金民卿．全面深化改革必须牢牢坚持中国特色社会主义的正确方向［J］．马克思主义研究，2014（1）.

[148] 辛向阳．《德意志意识形态》的国家理论及其当代启示［J］．马克思主义教育研究，2015（3）.

[149] 姜辉．论当代资本主义的阶级问题［J］．中国社会科学，2011（4）.

[150] 周新城．阶级观点和阶级分析方法是观察复杂政治现象的一把钥匙［J］．求实，2001（8）.

[151] 张艳斌．习近平意识形态观及其时代价值［J］．学术论坛，2015（7）.

[152] 李仙飞，陈盼盼．略论习近平同志的"意识形态安全"思想［J］．福建理论学习，2015（7）.

[153] 唐爱军．习近平意识形态理论框架和基本思路个政治合法性的视角［J］．中共贵州省委党校学报，2015（5）.

[154] 姜迎春．论习近平意识形态建设理论的整体性［J］．江海学刊，2015（4）.

[155] 于建玮，赵丽丽．习近平总书记意识形态工作思想的科学内涵及其现实指导意义［J］．延边党校学报，2015年（4）．

[156] 周耀华．习近平意识形态建设初探［J］．新西部（理论版）2015（10）．

[157] 李春华．正确处理"中心工作"与"极端重要的工作"的关系—从习近平关于经济工作与意识形态工作关系的新思想谈起［J］．理论探索，2015（1）．

[158] 洪光东，王永贵．当前习近平意识形态建设新思想研究的进展与思考［J］．广西社会科学，2014（9）．

[159] 马峰成．经济新时代与社会主义［D］．北京：中共中央党校，2000．

[160] 仲崇东．经济新时代与我国的意识形态安全［D］．北京：中共中央党校，2003．

[161] 关立新．经济新时代：发展趋向及中国对策研究［D］．长春：吉林大学，2004．

[162] 张瑞堂．文化自觉与中国先进文化发展［D］．武汉：华中师范大学，2004．

[163] 肖萍．人的全面发展视域中的社会主义主流文化建设［D］．武汉：华中师范大学，2006．

[164] 包仕国．新时代进程中中国文化安全的衍进与重构［D］．上海：华东师范大学，2007．

[165] 赵勇．社会主义意识形态功能研究［D］．上海：华东师范大学，2007．

[166] 万是明．新时代时代中国特色社会主义文化建设［D］．武汉：华中师范大学，2006．

[167] 曹丽．我国新时期意识形态建设研究［D］．北京：中共中央党校，2008．

[168] 梁伟锋．中国共产党的意识形态建设研究［D］．长春：吉林大

学，2008.

[169] 赵士兵．马克思主义意识形态理论视阈下的社会主义核心价值体系问题研究［D］．哈尔滨：哈尔滨师范大学，2010.

[170] 赵兴伟．当代中国意识形态安全问题研究［D］．沈阳：辽宁大学，2012.

[171] 李红卫．新时代与中国共产党的建设研究［D］．武汉：华中师范大学，2013.

[172] 吴少华．当代中国的意识形态变迁问题研究［D］．武汉：武汉大学，2013.

[173] 韩柱．社会主义核心价值体系的文化透视［D］．天津：南开大学，2009.

[174] 赵中源．中国共产党执政资源的多维探析［D］．长沙：湖南师范大学，2007.

[175] 于光胜．文明的融合与世界秩序［D］．济南：山东大学，2009.

[176] 孙宁．新世纪中国共产党的国家文化安全战略论析［D］．北京：中国社会科学院，2011.

[177] 肖应红．我国构建和谐社会进程中的意识形态建设研究［D］．成都：西南大学，2011.

[178] 李鉴修．文化软实力与党的对外宣传工作研究［D］．北京：中共中央党校，2011.

[179] 胡银银．改革开放以来我国意识形态话语权问题研究［D］．天津：南开大学，2014.

[180] 任志锋．当代中国社会主义意识形态主导性问题研究［D］．长春：东北师范大学，2014.

[181] 段鹏飞．新时代背景下中国共产党意识形态建设研究［D］．西安：陕西师范大学，2011.

[182] 刘娜．新时代进程中的意识形态问题研究［D］．北京：首都师范大学，2009.

［183］倪娜．"世界历史"与新时代问题：当代全球社会发展的矛盾分析［D］．长春：吉林大学，2004.

［184］魏海香．作为现象、进程与趋势的文化新时代［D］．北京：首都师范大学，2007.

［185］刘招明．从"世界历史"到"新时代"：马克思的世界历史理论及其当代拓展［D］．长春：吉林大学，2009.

［186］张志祥．社会主义意识形态建设研究［D］．苏州：苏州大学，2008.

［187］杨昕．中国共产党意识形态话语权研究［D］．天津：天津师范大学，2013.

四、外文参考文献

［1］John Baylis, Steve Smith. The Globalization of World Politics：An Introduction to International Relations［M］. Oxford Press，2010

［2］Bhikhu Parekh. Marx's Theory of Ideology［M］. London：Croom HelmLtd，1982.

［3］David Morriee. Philosophy，Science and Ideology in Political Thought［M］. New York：St. Martins Press，Inc.，1996.

［4］David，Mclellan，Ideology. Concept in the Social Sciences［M］. Open University Press，1995.

［5］J. McCarney. The Real World of Ideology［M］. Brighton：Harvester Press，1980.

［6］Jorge Larrain. Marxism and Ideology［M］. The Macmillan Press LTD，1983.

［7］Raymond Boudon. The Analysis of Ideology［M］. The University of Chicago Press，1989.

［8］Anthony D. Smith. Dating the Nation，in Daniele Conversi，Ethnonationalism in the Contempoqry Word［M］. London：Routledge，2002.

五、其他

[1] 习近平．在北京大学师生座谈会上讲话［N］．人民日报，2018－05－03.

[2] 习近平．在同各界优秀青年座谈时讲话［N］．人民日报，2013－05－05.

[3]《马克思恩格斯选集》第1卷［M］．北京：人民出版社，2012：82－83.

[4] 习近平．在北京大学师生座谈会上讲话［N］．人民日报，2018－05－03．

[5] 习近平．在同各界优秀青年座谈时讲话［N］．人民日报，2013－05－05．

[6] 中共中央文献研究室．学习习近平关于实现中华民族伟大复兴的中国梦论述摘编［N］．人民日报．2013－12－04.

[7] 张春雪，姚季冬．试析习近平青年成才思想中的三个概念［J］．邵阳学院学报（社会科学版），2018，17（6）：12－16，98.

[8] 崔家新．习近平新时代青年观的马克思主义人学底蕴［J］．广西社会主义学院学报，2018，29（4）：22－27.

[9] 赵王青，包月强．习近平青年观的内涵及实践路径研究［J］．云南农业大学学报（社会科学），2018，12（6）：118－122.

[10] 陈宏石．浅析习近平青年教育思想主要特点及时代价值［J］．法制与社会，2018（36）：184－185.

[11] 习近平《青年要自觉践行社会主义核心价值观——在北京大学师生座谈会上的讲话》，网易新闻中心，2014－05－04.

[12] 习主席在全军政治工作会议上的重要讲话新思想新观点新论断新要求解读［N］．解放军报，2014－11－24.

[13] 习近平．在全国宣传思想工作会议上的讲话［N］．光明日报，2013－08－21.

[14] 习近平．共同创造亚洲和世界的美好未来——在博鳌亚洲论坛2013年年会上的主旨演讲，新华网，http：//www.gmw.cn，2013－04－07.

〔15〕习近平接受金砖国家媒体联合采访，人民出版社网，www.ccpph.com.cn，2013—03—20.

〔16〕习近平：毫不动摇坚持和发展中国特色社会主义在实践中不断有所发现有所创造有所前进，人民网，http：//politics.people.com.cn，2013—01—05.

〔17〕中国互联网络信息中心.第34次中国互联网络发展状况统计报告，中国教育和科研计算机网，http：//www.edu.cn，2014—07—21.

〔18〕国家宗教事务局局长王作安答本报记者问.宗教问题怎么看怎么办.人民出版社网，www.ccpph.com.cn，2013—04—27.

〔19〕中共十七届六中全会通过的《中共中央关于深化文化体制改革、推动社会主义文化大发展繁荣若干重大问题的决定》，新浪网，www.sina.cn，2011—10—04.

〔20〕江泽民在庆祝中国共产党成立八十周年大会上的讲话〔N〕.人民日报，2001—07—01.